CLEITON NERY DE SANTANA

MERLEAU-PONTY LEITOR DE CLAUDEL
Entre filosofia e literatura

Edições Loyola

Dados Internacionais de Catalogação na Publicação (CIP)
(Câmara Brasileira do Livro, SP, Brasil)

Santana, Cleiton Nery de
    Merleau-Ponty leitor de Claudel : entre filosofia e literatura / Cleiton Nery de Santana. -- São Paulo : Edições Loyola (Aneas), 2025. -- (Coleção leituras filosóficas)

Bibliografia.
ISBN 978-65-5504-428-7

1. Filosofia e literatura 2. Merleau-Ponty, 1908-1961 - Crítica e interpretação I. Título. II. Série.

24-245315   CDD-194

Índices para catálogo sistemático:
1. Merleau-Ponty : Filosofia francesa   194

Cibele Maria Dias - Bibliotecária - CRB-8/9427

Diretor geral: Eliomar Ribeiro, SJ
Editor: Gabriel Frade

Capa: Ronaldo Hideo Inoue
Diagramação: Sowai Tam
Preparação: Paulo Fonseca

Projeto gráfico original da capa da coleção Leituras Filosóficas de Inês Ruivo, revisto e atualizado por Ronaldo Hideo Inoue.

Trabalho executado com utilização de fontes BW (BibleWorks)*.

*BW (BibleWorks) PostScript® Type 1 and TrueType fonts
Copyright ©1994-2015 BibleWorks, LLC. All rights reserved.
These Biblical Greek and Hebrew fonts are used with permission
and are from BibleWorks (www.bibleworks.com).

Rua 1822 nº 341, Ipiranga
04216-000 São Paulo, SP
T 55 11 3385 8500/8501, 2063 4275
editorial@loyola.com.br, vendas@loyola.com.br
loyola.com.br, 🅵🅾️🅸🅾️🅳 @edicoesloyola

Todos os direitos reservados. Nenhuma parte desta obra pode ser reproduzida ou transmitida por qualquer forma e/ou quaisquer meios (eletrônico ou mecânico, incluindo fotocópia e gravação) ou arquivada em qualquer sistema ou banco de dados sem permissão escrita da Editora.

ISBN 978-65-5504-428-7

© EDIÇÕES LOYOLA, São Paulo, Brasil, 2025

Para Lúcia

Moi, l'homme,
Je sais ce que je fais,
De la poussée et de ce pouvoir même de naissance et de création
J'use, je suis maître,
Je suis au monde, j'exerce de toutes parts ma connaissance.
Je connais toutes choses et toutes choses se connaissent en moi.
J'apporte à toute chose sa délivrance.
Par moi
Aucune chose ne reste plus seule mais je l'associe à une autre dans mon coeur.

PAUL CLAUDEL. *Cinq grandes odes*

SUMÁRIO

PREFÁCIO 13

INTRODUÇÃO 17
   Entre filosofia e literatura 17
   Objetivo e estrutura 21

Capítulo I
MERLEAU-PONTY E CLAUDEL: ENTRE FILOSOFIA E
NÃO FILOSOFIA 25
1. O lugar da não filosofia no projeto filosófico
    de Merleau-Ponty 26
2. O lugar da literatura no projeto filosófico
    de Merleau-Ponty 30
   2.1. Contextualização geral 30
   2.2. O curso de 1953: sobre o uso literário
        da linguagem 36
   2.3. O curso de 1953-1954: sobre o problema da fala 39
   2.4. O curso de 1960-1961: sobre Paul Claudel? 43

3. Paul Claudel: vida e obra 46
   3.1. Algumas notas biográficas 47
   3.2. A gênese de um pensamento 51
   3.3. *Art poétique* de Claudel 54
4. O lugar de Claudel no projeto filosófico de
Merleau-Ponty 57

Capítulo II
A TEMPORALIDADE: ENTRE CLAUDEL
E MERLEAU-PONTY 63
1. Paul Claudel: uma interpretação poética
da temporalidade 64
   1.1. O prelúdio 64
   1.2. Sobre a causa 67
   1.3. Sobre o tempo 71
   1.4. Sobre a hora 76
   1.5. Síntese conclusiva 78
2. Merleau-Ponty: uma interpretação fenomenológica
da temporalidade 80
   2.1. Contextualização geral 80
   2.2. Sobre o tempo-objeto 82
   2.3. Sobre o tempo-sujeito 87
3. Entre poética e filosofia: possíveis relações acerca
da temporalidade 96

Capítulo III
O CONHECIMENTO: ENTRE CLAUDEL
E MERLEAU-PONTY 105
1. Paul Claudel: uma interpretação poética
do conhecimento 106
   1.1. O prelúdio 106
   1.2. Sobre o conhecimento bruto 107

1.3. Sobre o conhecimento nos seres vivos	111
1.4. Sobre o conhecimento intelectual	116
1.5. Sobre a consciência	119
1.6. Sobre o conhecimento do homem após sua morte	122
2. Merleau-Ponty: uma interpretação filosófica do conhecimento	125
2.1. O momento fenomenológico	125
2.2. O momento ontológico	130
3. Entre poética e filosofia: possíveis relações acerca do conhecimento	135
CONSIDERAÇÕES FINAIS	143
REFERÊNCIAS BIBLIOGRÁFICAS	149

PREFÁCIO

As dualidades que reconhecidamente marcam o pensamento de Merleau-Ponty também alimentam o presente livro. Desde a "Introdução" até as "Considerações finais", e ao longo dos três capítulos que compõem seu núcleo, o livro lida com pares em situações variadas, em muitas dimensões e em múltipla nomenclatura: alma e corpo, consciência e mundo, espírito e matéria, interior e exterior, sujeito e objeto, substância pensante e substância extensa; vidente e visível, tocante e tocado, tangível e tangente, conhecedor e conhecido; permanência e passagem, estabilidade e movimento; filosofia e não filosofia, homogeneidade e diferença, individualidade e solidariedade, unidade e diversidade. São as "dicotomias da metafísica clássica" acrescidas de tantas e equivalentes dissociações, agora dissolvidas e reunidas – ou melhor, dissolvidas porque reunidas – na reflexão filosófica de Merleau-Ponty e na poética de Paul Claudel. Por isto mesmo, e complementarmente, assim como as noções que identificam oposições, também os conceitos que indicam aglutinações se espalham por todo o livro: comunicação, união, relação, simultaneidade, conexão, paradoxo, implicação, interdependência, solidariedade, juntura, quiasma, invasão, envolvimento.

É nesta ambiência que se desenvolve a abordagem dos temas principais do livro: "tempo" e "conhecimento", precedidos de "filosofia e não filosofia". Esta abordagem resulta, sem dúvida, em certa elucidação do pensamento merleaupontyano e na originalidade de sua intersecção com a literatura de Paul Claudel. Mas não somente. À medida que a abordagem dos temas é desenvolvida, o leitor percebe que o recorrente uso das oposições e das aglutinações acaba por aplicar-se a ambos os autores, incorporando, também entre eles, as mesmas relações reconhecidas na abordagem dos temas tratados. É a própria construção do texto que, pedra por pedra, edifica as aproximações e divergências, as convergências e diferenças entre Claudel e Merleau-Ponty. Não é de se estranhar, pois, que as "consequências" levantadas nas "Considerações finais" explicitem o que já se ia construindo ao longo dos capítulos, isto é, que "a reflexão filosófica de Merleau-Ponty" e "a poética de Claudel" sobre filosofia e não filosofia, sobre tempo e sobre conhecimento, invadem-se e envolvem-se mutuamente na permanência da forma e, ao mesmo tempo, no movimento de um quase ir e vir de um a outro.

Esta observação conduz a outro aspecto que merece destaque e que diz respeito ao modo de organização do texto. É curioso que um poeta exponha seu pensamento "de forma metódica", conforme é literalmente indicado. Ora, é igualmente curioso que um texto que ousa relacionar pensamento e literatura obedeça, também ele, tanto no conjunto dos seus capítulos quanto no interior de cada um deles, a uma sequência que vai sempre e propositadamente do "geral" ao "particular". Esta "forma metódica" se reforça com a inserção, no início e no final de cada capítulo assim como nas passagens entre itens, de introduções e retomadas que recolocam o leitor no caminho a seguir. Além disto, considere-se também o cuidado, tão louvável quanto didático, de explicitar repetidas vezes, qual a obra de Claudel fundamentalmente utilizada, bem como quais as obras de Merleau-Ponty são, a cada momento, priorizadas.

Sem dúvida, a organização do texto resulta em uma exposição clara, que cuidadosamente conduz o leitor à reflexão filosófica de Merleau-Ponty e à poética de Claudel. Mas não somente. Bem mais que isto, impele e arremessa o leitor, passo a passo, para dentro daquele tempo e daquele conhecimento em que filosofia e não filosofia convivem e, particularmente, em que literatura e pensamento se cruzam.

Salma Tannus Muchail
São Paulo, novembro de 2024

INTRODUÇÃO

Entre filosofia e literatura

A filosofia, tanto em seu estatuto como em seu discurso, sempre esteve no centro do pensamento de Merleau-Ponty, ainda que nem sempre estivesse formulada explicitamente. O seu modo *sui generis* de fazer filosofia, estrangeiro à prática corrente, não só se torna motivo de questionamento, mas também de admiração por parte dos seus contemporâneos.

Sobre o estatuto filosófico do seu pensamento, em novembro de 1946, após proferir uma conferência perante a Sociedade Francesa de Filosofia sobre O *primado da percepção e suas consequências filosóficas*, Émile Bréhier exprime a seguinte avaliação sobre o trabalho de Merleau-Ponty:

> Vejo suas ideias se expressando pelo romance e pela pintura mais do que pela filosofia. Sua filosofia termina no romance. Isso não é um defeito, mas acredito verdadeiramente que ela

termina naquela sugestão imediata das realidades tal como se vê nas obras dos romancistas[1].

Bréhier entende a filosofia como caminho que vai da percepção sensível à ideia. Merleau-Ponty, por sua vez, a compreende como caminho que vai do inteligível às percepções vividas ou, de modo mais radical, admite que a percepção tem um primado sobre a reflexão. Muito embora Bréhier reconheça "uma certa filosofia" neste caminho, a sua crítica permanece, pois o pensamento em declive merleau-pontyano, comparado ao dos romancistas, não consegue sair da *realidade* tal como se vê.

Acerca do seu discurso filosófico, em junho de 1961, ao descrever o legado deixado por Merleau-Ponty, Michel Deguy percebe no discurso ou estilo de escrita merleau-pontyano "um certo tom" "persuasivo" e "imagético" que arrebatava e dava a pensar aos "inteligentes"[2]. Esse "certo tom" não só era marcado pelo uso recorrente de imagens, mas também por técnicas narrativas que provocavam "certa inquietação" nos seus leitores e ouvintes. Dessa maneira, os exemplos mencionados por Bréhier e Deguy – ainda que divergindo entre eles – são importantes para introduzirmos o modo próprio de Merleau-Ponty fazer filosofia, mesmo que os temas do estatuto e do discurso não sejam desenvolvidos na nossa pesquisa. O que está em questão aqui, portanto, é a relação entre filosofia e literatura no projeto merleau-pontyano.

Sabemos que a sua filosofia, enraizada no corpo e no mundo, busca expressar a própria vida, ou seja, ela tem como

---

1. MERLEAU-PONTY, M., *O primado da percepção e suas consequências filosóficas*, Belo Horizonte, Autêntica, 2015, 57.
2. DEGUY, M., Maurice Merleau-Ponty, *La nouvelle revue française*, v. 9, n. 102 (1961) 1118-1120.

tarefa revelar a dimensão escondida ou invisível do mundo. Merleau-Ponty entende que "o apelo ao originário caminha em várias dimensões: o originário se cliva, e a filosofia deve acompanhar essa clivagem, essa não coincidência, essa diferenciação"³. Uma vez que a filosofia acompanha continuamente o originário, ela permanece aberta e inacabada. A literatura – permanecendo no seu estado de não filosofia – não só possui como tarefa desvendar o originário que ela própria nos revela, como também se encontra em contínuo estado de transformação e nascimento. Assim sendo,

> a história da literatura e da filosofia não é apenas história do pensamento, mas história do Ser. [...] porque ele vem de, e se dirige a, essa região abaixo das ideias, a literatura tem uma função insubstituível. Porque é aqui que está o sólido, é aqui que está o duradouro, é aqui que está o Ser⁴.

Se a tarefa da filosofia e da literatura consiste em dizer o Ser, em tirá-lo do silêncio, logo não existe fronteira entre elas, nem zona em que termina uma e começa outra. Assim, não devemos unicamente entendê-las em permanente estado de relação, mas, sobretudo, de invasão (*empiétement*) e envolvimento (*Ineinander*) simultâneos. Ainda sobre a relação entre filosofia e literatura, Merleau-Ponty, em uma entrevista radiofônica acerca da filosofia, nos diz que

> mesmo os filósofos, entre nossos contemporâneos, que se expressam por meio da literatura, nunca se expressam apenas pela literatura. Gabriel Marcel faz peças de teatro, mas

---

3. MERLEAU-PONTY, M., *O visível e o invisível*, São Paulo, Perspectiva, 2014, 122.
4. Id., *Notes de cours (1959-1961)*, Paris, Gallimard, 1996, 204.

também escritos filosóficos, e o mesmo vale para Sartre. Além disso deve-se perguntar se realmente é a filosofia que vai ao encontro da literatura, ou se não há também um movimento da literatura em direção a filosofia. Eu cito nomes em massa, desde Mallarmé, Proust, Gide, o surrealismo, a própria literatura se tornou filosófica, ou filosofia. Seria, portanto, mais um contato feito entre as duas investigações, do que uma subordinação de uma à outra[5].

Partindo do princípio de que a literatura moderna "se tornou filosófica ou filosofia", sem, contudo, abandonar o seu estado de não filosofia, um escritor – em permanente exercício de retirada do Ser da invisibilidade ou do silêncio – pode descrever e significar o mundo com tanta profundidade quanto um filósofo. Por conseguinte, Merleau-Ponty implode a fronteira existente entre os dois campos de conhecimento e insere nos seus trabalhos filosóficos análises de obras literárias (como em *Le roman et la métaphysique*) e comentários a escritores (Marcel Proust e Paul Claudel, por exemplo). No entanto, dentre os vários gêneros literários, o romance e a poesia ocupam um lugar privilegiado na obra do filósofo, porque conseguem romper com as formas convencionais e exercitam uma linguagem sempre inacabada. Sabemos que Marcel Proust se tornou o romancista mais aprofundado e citado por Merleau-Ponty, contudo, provavelmente desconhecemos que, dentre os poetas modernos, Paul Claudel ocupou um lugar importante no seu projeto filosófico. Por que interessar-se por ele? Segundo Blanchot, Claudel

---

5. Id., *Entretiens avec Georges Charbonier et autres dialogues (1946-1959)*, Paris, Verdier, 2016, 75.

não é nem o homem do Renascimento, feliz de ser um eu brilhante e passageiro, e ainda menos o romântico, que se contenta em desejar em vão e aspirar sem fruto. É o homem moderno, que só tem certeza daquilo que toca, não cuida de si mas daquilo que faz, não quer sonhos mas resultados, para quem só conta a obra e a plenitude decisiva da obra[6].

Merleau-Ponty interessa-se por Claudel, pois o reconhece como "homem moderno", de modo que a sua obra toca "as coisas mesmas". Rompendo com o modelo clássico, a obra claudeliana expressa e significa o mundo desconhecido em vez de confirmar aquilo que já conhecemos, ou seja, não se trata mais de reproduzir o visível, como no Renascimento e no Romantismo, mas de tornar visível o invisível. Porque Claudel retorna às profundidades do mundo originário, Merleau-Ponty, ao seu modo, o exalta como gênio.

Objetivo e estrutura

Nosso objetivo geral é identificar possíveis relações entre Merleau-Ponty e Claudel presentes nos conceitos de tempo e conhecimento. Tanto Merleau-Ponty quanto Claudel caminham na mesma direção – ainda que se distanciem às vezes – em busca do Ser escondido no mundo ou na vida. Jean Wahl, leitor do filósofo e do poeta, nos descreve esta relação: "[...] Claudel e você [Merleau-Ponty], ambos baseando-se em uma percepção universal que se faz em nós mais ainda do que por nós, ambos afirmam: perceber é ser"[7].

---

6. BLANCHOT, M., *O livro por vir*, São Paulo, Martins Fontes, 2005, 95.
7. WAHL, J., Maurice Merleau-Ponty et la présence de Paul Claudel, *Bulletin de la Société Paul Claudel*, Paris, v. 11 (1962) 7-10.

Merleau-Ponty interessou-se pela poesia e pelo teatro claudelianos desde a juventude. A obra que mais o marcou foi *Art poétique*, porque nela Claudel desenvolve a sua compreensão acerca do tempo e do conhecimento. Em uma série de entrevistas concedidas a Jean Amrouche, Claudel descreve esse seu trabalho com as seguintes palavras:

> Eu penso que a ideia fundamental deste livro é bastante simples e que não é impossível resumi-la em poucas palavras. Sempre fiquei impressionado com o fato de que o conhecimento propriamente dito, ou seja, a percepção da influência externa, seja pelo órgão dos sentidos, seja pelo da inteligência, não era o resultado de uma faculdade particular, mas do ser por inteiro. Há uma tendência professoral que consiste em querer separar completamente as diferentes faculdades humanas. Existe a imaginação, existe a memória, existe a vontade, existe a inteligência, e dir-se-ia que essas faculdades ocupam cada uma um pequeno compartimento e uma com a outra, só têm relações, se assim podemos dizer, "mundanas", oficiais, mas que podem operar separadamente. Eu acho que essa ideia está absolutamente errada, acho que nenhuma faculdade humana está isolada e separada das outras e que possa funcionar sem que todas as outras estejam interessadas. [...] O ser humano é total. [...] Eu digo que as relações com o exterior não são obra de uma única faculdade, são obra do próprio ser. É o próprio ser que, por uma espécie de contato, um pouco parecido com o que os fisiologistas notam nas amebas, se relaciona com os diversos objetos no meio dos quais se encontra e deles tira proveito ou, segundo a palavra geralmente usada, um conhecimento[8].

---

8. CLAUDEL, P., *Mémoires Improvisés. 41 entretiens avec Jean Amrouche*, Paris, Gallimard, 1954, 193.

Claudel parte da ideia da coexistência do ser para desenvolver os conceitos de tempo e conhecimento. Merleau-Ponty encontra em *Art poétique* noções que o ajudam a pensar o problema da temporalidade e do conhecimento. Assim, o movimento da nossa leitura está em torno da constante pergunta: quais são as possíveis relações entre Merleau-Ponty e Claudel? Na busca por identificar esse problema nos textos do filósofo e do poeta, nossa obra se estrutura em três partes.

No primeiro capítulo, procuramos situar o lugar de Claudel no projeto filosófico de Merleau-Ponty. Neste intento, começamos por expor a relação entre filosofia e não filosofia presente em seus trabalhos. A seguir, delimitando o tema, passamos para a relação entre filosofia e literatura. A apresentação sobre a não filosofia e a literatura se localiza, principalmente, nos cursos proferidos no *Collège de France*. O curso de 1960-1961 mostra-nos o interesse do filósofo pelo pensamento do poeta. Assim, para melhor compreender a relação entre ambos, queremos introduzir algumas notas sobre a vida e a obra do poeta. Por último, situamos o lugar de Claudel nos trabalhos de Merleau-Ponty e apresentamos as implicações do pensamento claudeliano na concepção merleau-pontyana de tempo e conhecimento.

No segundo capítulo, buscamos identificar as possíveis relações entre Merleau-Ponty e Claudel acerca da temporalidade. A exposição começa com a noção de tempo em Claudel. No tratado "Connaissance du temps", primeira parte da obra *Art poétique*, ele descreve sua concepção de tempo. Em seguida, apresentamos a noção de tempo em Merleau-Ponty. O tema se circunscreve ao capítulo sobre a temporalidade em *Fenomenologia da percepção*. Finalmente, percorrendo algumas obras dos momentos fenomenológico e ontológico, identificamos as possíveis relações entre Merleau-Ponty e Claudel acerca da temporalidade.

No terceiro capítulo, seguindo a estrutura anterior, procuramos identificar as possíveis relações entre Merleau-Ponty e Claudel acerca do conhecimento. A apresentação começa com a noção de conhecimento em Claudel. No "Traité de la co-naissance au monde et de soi-même", segunda parte da obra, ele desenvolve sua concepção de conhecimento. A seguir, apresentamos a noção de conhecimento em Merleau-Ponty. Como o tema não se situa em um único trabalho, passamos por algumas obras dos momentos fenomenológico e ontológico. Por fim, identificamos as possíveis relações entre Merleau-Ponty e Claudel acerca do conhecimento.

Capítulo I

MERLEAU-PONTY E CLAUDEL: ENTRE FILOSOFIA E NÃO FILOSOFIA

Neste primeiro momento, trataremos da relação existente entre filosofia e não filosofia na obra de Merleau-Ponty. Tendo situado este tema nos últimos cursos do filósofo no *Collège de France*, buscaremos compreender a razão pela qual ele recorre frequentemente à não filosofia para construir o seu projeto filosófico.

Delimitando mais a questão, passaremos, em um segundo momento, do tema da não filosofia ao da literatura. O tema da literatura em Merleau-Ponty, abordado em nossa exposição, encontra-se nos trabalhos dos anos de 1950. Depois de uma compreensão geral sobre a relação entre filosofia e literatura na obra do filósofo, abordaremos, ainda que brevemente, três cursos ministrados por ele no *Collège de France* em que este tema parece ter maior relevância para a nossa investigação.

Tendo apresentado o curso de 1960-1961 e percebido a presença do pensamento de Paul Claudel nas lições de Merleau-Ponty sobre a ontologia, investigaremos, em um terceiro momento, o lugar do pensamento claudeliano na obra merleau-pontyana. Antes de responder a esta indagação, introduziremos algumas notas sobre a vida e a obra de Claudel, uma vez que ajudarão a melhor compreender a leitura feita por Merleau-Ponty do pensamento de Claudel. Assim, tomaremos alguns elementos da vida de Claudel, com enfoque sobre sua experiência de conversão e de fé; apresentaremos a importância da experiência religiosa para a sua obra; em seguida, na tentativa de delimitar o nosso tema de estudo, introduziremos algumas informações sobre a obra *Art poétique*, que, como veremos ao longo da pesquisa, é fundamental para o estudo da relação entre os dois autores.

Por fim, em um quarto momento, retornaremos à indagação principal sobre o lugar de Claudel no projeto filosófico de Merleau-Ponty. Iniciaremos a nossa apresentação situando o problema, para enfim apresentar as implicações – especialmente as noções de tempo e conhecimento presentes em *Art poétique* – deste pensamento na obra do filósofo.

1. O lugar da não filosofia no projeto filosófico de Merleau-Ponty

Em seus trabalhos filosóficos, Merleau-Ponty procurou relacionar filosofia e não filosofia. É possível perceber, no conjunto de sua obra, que o discurso filosófico foi se fazendo na constante relação com o campo de investigação não filosófico, como a sociologia, a história, a psicanálise, a arte e a literatura, para citar alguns exemplos. Pelo fato de Merleau-Ponty não ter se interessado exclusivamente pela filosofia, ainda hoje a sua obra não interessa apenas aos filósofos. Esta dupla abertura não deixa de causar problema na recepção de Merleau-Ponty por parte de alguns filósofos, que dispensam qualquer outra área para validar a atualidade e a fecundidade de uma filosofia. Entretanto, também Merleau-Ponty, ao recorrer às outras disciplinas, não tem simplesmente o intuito de buscar uma maneira de validação e ilustração das suas teses filosóficas. Qual a razão, portanto, para ele trazer para o seu projeto filosófico a não filosofia?

Comecemos por situar a presença do tema da "não filosofia" na obra de Merleau-Ponty. É verdade que este tema permanece discreto na vasta obra do filósofo, contudo tal discrição não significa uma simples ausência da relação com a não filosofia. Na obra publicada, durante a vida do filósofo, o tema aparece pela primeira vez em *Signos*[1], obra de 1960. No entanto, antes dela, Merleau-Ponty já havia dedicado um curso no *Collège de France* sobre *La philosophie aujourd'hui* no semestre de 1958-1959. Na primeira parte deste curso, ele descreve *Notre état de non-philosophie* e na segunda *La philosophie en face de cette non-philosophie*. Neste curso, ele parte do questionamento feito pelo nosso tempo à filosofia para afirmar o *nosso* tempo como sendo um tempo de não filosofia. Defende que este questionamento é indispensável porque "a filosofia encontrará ajuda na poesia, na arte etc., em uma relação muito mais próxima com elas, ela renascerá e reinterpretará, assim, o seu próprio passado de metafísica – que não é passado"[2].

Após o curso sobre a situação da filosofia no *nosso* tempo, Merleau-Ponty continua a se dedicar ao tema da não filosofia, no seu próximo curso, também oferecido no *Collège de France*, agora no semestre de 1960-1961, cujo título é *Philosophie et non-philosophie depuis Hegel*. Este curso, lamentavelmente, foi interrompido pela súbita morte do filósofo em 3 de maio de 1961.

---

1. MERLEAU-PONTY, M., *Signos*, São Paulo, Martins Fontes, 1991, 6. Cf. também, 74, 152.

2. Id., *Notes de cours (1959-1961)*, 39.

Embora permaneça inacabado, as notas escritas por Merleau-Ponty, que serviam de preparação, foram conservadas. Neste curso, ele se propõe a fazer uma apresentação da filosofia e da não filosofia *desde* Hegel, mas reduz-se a lições sobre Hegel e Marx. No tocante à filosofia e à não filosofia, tema também presente no título deste curso, Merleau-Ponty faz uso destes termos como analogia ao pensamento moderno, sabendo que por moderno ele considera todo o pensamento ocidental *desde* Hegel. Desse modo, Merleau-Ponty não só compreende que Hegel nos ajuda a ler a filosofia e a não filosofia no *nosso* tempo, mas também a ler a filosofia *na* não filosofia e a não filosofia *na* filosofia.

Com a publicação de *Signos* e com os últimos dois cursos ministrados no *Collège de France*, Merleau-Ponty apresenta um interesse crescente, no final dos anos cinquenta, pelo tema da não filosofia. Situado, portanto, o tema na obra do filósofo, convém que retomemos a questão colocada anteriormente sobre a razão pela qual o filósofo recorre à não filosofia no seu projeto filosófico. Se Merleau-Ponty assim o faz, é porque para ele a não filosofia, permanecendo em seu estado de não filosofia, tem um caráter filosófico. É esta compreensão da noção de não filosofia que permite a Merleau-Ponty recorrer às outras disciplinas – sem preocupar-se com um método a construir ou um problema a superar – no processo de construção do seu projeto filosófico, para o qual não existe uma fronteira rigorosa entre filosofia e não filosofia. A não filosofia, na sua concepção, se interessa por questões que podem nos parecer naturalmente filosóficas. Neste sentido, para pensar "uma filosofia que quer ser filosofia sendo não filosofia"[3], como nos afirma Merleau-Ponty, é preciso

---

3. Ibid., 275.

abandonar a ideia de uma filosofia triunfante, que recusa o diálogo com a não filosofia.

No curso de 1958-1959, Merleau-Ponty nos apresenta uma filosofia em crise, fechada em si mesma e puramente reflexiva. Esta situação de crise da filosofia no *nosso* tempo deve ser o ponto de partida para um aprofundamento e renascimento do pensamento moderno. Portanto, para sair da crise, a filosofia não pode continuar concebendo a não filosofia como subordinada, mas em relação de ambiguidade. É nesta relação ambígua que a filosofia encontra na não filosofia o apoio necessário para se reinterpretar.

A filosofia moderna, em crise e recusando uma relação com a não filosofia, pensa uma ontologia direta, que conduz o filósofo ao silêncio. Merleau-Ponty, ao contrário, pensa uma ontologia indireta, que está em relação com a não filosofia, para tirar o filósofo do silêncio. Quais as implicações desta concepção ontológica para a compreensão da não filosofia? Saint Aubert no diz que "a não filosofia, em Merleau-Ponty, envolve o mundo das causas perdidas que sua filosofia quer salvar e que a filosofia deveria salvar, sendo a primeira dessas causas a da *existência*"[4]. Ao pensar em uma ontologia indireta, que pudesse salvar a filosofia moderna da crise, Merleau-Ponty coloca em relação a ontologia e a não filosofia, de modo que esta relação se passa no interior da própria existência, "a partir do vazio filosófico em que nos encontramos e que está ligado a toda a nossa história"[5].

É no interior da própria existência, no contato com o mundo da vida (*Lebenswelt*) e através da não filosofia, isto é, da sociologia, da história, da psicanálise, da arte e da

---

4. SAINT AUBERT, E., *Vers une ontologie indirect*, Paris, Vrin, 2006, 62.
5. MERLEAU-PONTY, M., *Notes de cours (1959-1961)*, 38.

literatura, que o filósofo pode encontrar a expressão indireta do Ser. Embora a não filosofia possa apresentar, às vezes, modos de atividade e de conhecimento estranhos à filosofia, ela é capaz de tirar o Ser do silêncio. Esta ontologia indireta, passando pela não filosofia, conduz o Ser do mundo silencioso para o mundo da expressão. Neste sentido, entre as várias formas de expressão capazes de tirar o Ser do silêncio, queremos, a seguir, dedicar-nos ao tema da expressão literária.

Em Merleau-Ponty, o pensamento filosófico e a expressão literária estão em constante relação. Ele nos diz que a "filosofia [...] é inseparável da expressão literária, isto é, da expressão indireta"[6]. Esta relação com a literatura só é possível porque "depois de Proust, Joyce, os americanos, o modo de significação é indireto: eu-outro, os mundos deliberadamente misturados, envolvidos, um no outro, expressos um pelo outro em [uma] relação lateral"[7]. Podemos dizer, enfim, que esta relação é inseparável porque a filosofia e a literatura têm a mesma tarefa de tirar o Ser do silêncio.

2. O lugar da literatura no projeto filosófico de Merleau-Ponty

2.1. Contextualização geral

Desde as primeiras obras até as últimas reflexões, a literatura é referência constante e ocupa importante lugar no pensamento de Merleau-Ponty. Ele integra ao seu discurso filosófico análises de obras literárias e alusões a escritores, como Proust, Claudel, Valéry, Stendhal, Simon, Saint-Exupéry, para citar alguns exemplos, que encontram lugar no

---
6. Ibid., 391.
7. Ibid., 49.

projeto filosófico de Merleau-Ponty. Ele recorre à literatura porque reconhece que "a verdadeira filosofia é reaprender a ver o mundo, e nesse sentido uma história narrada pode significar o mundo com tanta 'profundidade' quanto um tratado de filosofia"[8].

Em literatura, sua referência é a literatura moderna. Por moderno, ele compreende a literatura "dos últimos cinquenta ou setenta anos"[9]. Podemos dizer que a escolha pela literatura moderna se deve a três razões: a literatura moderna recusa a ideia de imitação, o escritor moderno retorna ao mundo da vida e a literatura moderna apresenta uma incompletude do conhecimento. Essa literatura conduz à visão das próprias coisas. Por este motivo, ela não pode ser uma "imitação do mundo, mas um mundo por si mesmo"[10]. A segunda razão nos mostra o interesse do escritor em buscar descrever o mundo da vida. O escritor moderno, recorda Merleau-Ponty, convida a "fazer-nos redescobrir esse mundo em que vivemos mas que somos sempre tentados a esquecer"[11]. A terceira e última razão nos faz conceber o escritor e a sua obra como inacabados. O filósofo nos diz que

[...] o coração dos modernos é portanto um coração intermitente e que nem mesmo consegue se conhecer. Entre os modernos, não são apenas as obras que permanecem inacabadas, mas o mundo mesmo, tal como elas o exprimem, é como se fosse uma obra sem conclusão, da qual não sabemos se jamais comportará uma[12].

---

8. Id., *Fenomenologia da percepção*, São Paulo, Martins Fontes, 2011, 19.
9. Id., *Conversas 1948*, São Paulo, Martins Fontes, 2009, 1.
10. Ibid., 58.
11. Ibid., 2.
12. Ibid., 70.

Se a literatura moderna nos descreve "um mundo por si mesmo", um mundo em que vivemos e que é inacabado, é porque, ao empregar as palavras para expressar o mundo vivido, modifica o uso cotidiano da linguagem. Merleau-Ponty compreende que o uso da linguagem em literatura, isto é, a passagem da linguagem ao sentido nos viabiliza a clarificação da realidade. Para melhor compreender esta passagem da linguagem ao sentido, ele nos coloca um exemplo, buscado em Mallarmé, distinguindo a tagarelice cotidiana da utilização poética da linguagem: a pessoa tagarela simplesmente diz o nome das coisas na tentativa de indicá-las, de expressar aquilo que percebe. Para o tagarela, a linguagem é usada unicamente para representar uma coisa por seu nome. O poeta, diferentemente do tagarela, procura substituir o nome correto das coisas por um "gênero de expressão" que busca descrever essencialmente as coisas percebidas, nos forçando a entrar nelas[13]. No momento em que a linguagem busca narrar poeticamente o mundo vivido, ela carrega em si um conceito filosófico. Dessa forma, *na* linguagem literária e *pela* linguagem literária a verdade nos é narrada.

A noção de verdade em literatura não está relacionada com o seu exterior. Desfazendo-se da ideia de correspondência, presente no modelo clássico, Merleau-Ponty compreende que a literatura moderna

> [...] nos conduz às coisas mesmas na exata medida em que, antes de *ter* uma significação, ela *é* significação. Se só lhe concedemos sua função segunda, é que supomos dada a primeira, é que a elevamos a uma consciência da verdade da qual ela é em realidade a portadora[14].

---

13. Ibid., 63.
14. Id., *A prosa do mundo*, São Paulo, Cosac Naify, 2012, 44-45.

Dado que a literatura porta a verdade, não podemos ter acesso por via direta a esta verdade que nela está presente. O filósofo compreende que o movimento em busca da verdade em literatura é indireto, pois a verdade na experiência sensível permanece insuficiente quando o sujeito percipiente não consegue descrever todas as coisas percebidas. Assim, pelo movimento indireto, a linguagem literária "[...] exprime tanto pelo que está *entre* as palavras quanto pelas próprias palavras, tanto pelo que não diz quanto pelo que diz"[15].

Como podemos perceber, a linguagem literária, como expressão do sensível, procura mostrar a verdade, por isso o escritor "tem por tarefa, definitivamente, traduzir estas palavras, essa voz, esse acento cujo eco cada coisa ou cada circunstância lhe envia"[16]. É no silêncio das coisas que se encontra presente uma palavra, palavra silenciosa, que o escritor precisa desvelar. Uma vez que a origem das coisas e do mundo, em literatura, se diz metaforicamente, o escritor, ao descrever, não só transforma em linguagem universal o mundo vivido, mas também, cria a verdade. Merleau-Ponty, pela via da filosofia, também procurou "traduzir estas palavras" presentes no silêncio para criar a verdade.

Sabemos que Merleau-Ponty, diferentemente de outros filósofos franceses que foram seus contemporâneos, não escreveu romance nem autobiografia. Ele se sabia filósofo. No entanto, tinha como projeto escrever uma obra sobre o signo e a prosa e mais cinco percepções literárias, considerando os seguintes autores: Montaigne, Stendhal, Proust, Breton e Artaud. Lefort nos diz que "uma nota não datada, mas que já traz o título de *Prosa do mundo*, sugere que um pouco mais

---

15. Ibid., 87.
16. Ibid., 118.

tarde ele imagina uma obra considerável, dividida em vários volumes, cujo objeto seria aplicar as categorias de prosa aos registros da literatura, do amor, da religião e da política"[17]. Embora Merleau-Ponty não tenha acabado este livro, o seu interesse em escrever *A prosa do mundo* nos faz descobrir um desdobramento de seu pensamento.

Este desdobramento do pensamento se confirma quando, por ocasião da sua candidatura ao *Collège de France* em 1951, ele escreve a Martial Gueroult um relatório expondo a sua trajetória intelectual e apresentando um projeto de ensino. Na apresentação deste balanço e projeto, é possível perceber o seu interesse crescente pelos temas da literatura e da linguagem. Como projeto de ensino no *Collège de France*, Merleau-Ponty propõe trabalhar os temas da expressão e da verdade. Sobre a expressão e a verdade, ele afirma que "devemos, portanto, ver aparecer o pensamento na linguagem, e talvez até a linguagem nos modos de expressão pré-linguísticos, que ela transforma, mas que continua"[18]. A passagem da expressão pré-linguística à linguagem é apresentada a Gueroult com as seguintes palavras:

> [...] não a entendemos como uma redução da segunda à primeira. A comparação, muitas vezes feita hoje, entre a expressão pictórica e a linguagem (incontestável, além disso, quando se trata do uso literário e poético da linguagem) deixa em aberto a questão da originalidade da linguagem nas suas formas exatas, ela pode precisamente permitir-nos destacar o que as distingue absolutamente, e, portanto, não supõe que o problema esteja resolvido. O pintor realiza uma operação

---

17. Lefort, C., *Prefácio*, in: Merleau-Ponty, M., *A prosa do mundo*, 16.
18. Merleau-Ponty, M., Titres et travaux. Projet d'enseignement, in: Id., *Parcours deux 1951-1961*, Paris, Verdier, 2000, 27.

expressiva que está sempre por recomeçar, pois nenhuma pintura resume as demais, e por assim dizer, não está acabada. Quando eu falo e penso, pelo contrário, parece-me que eu possuo realmente aquilo que digo, que o tomo na mão[19].

Conforme nos expõe Merleau-Ponty, a partir da comparação entre a linguagem pictórica e a linguagem literária, o pintor, ao criar uma obra, recria uma linguagem pictórica, enquanto o escritor, no ato da criação, emprega uma linguagem instituída para dizer aquilo que ainda não foi dito. Por esse motivo, a linguagem literária nos diz, sempre de um modo novo, a verdade. Merleau-Ponty, com esta apresentação do projeto de ensino para a sua candidatura ao *Collège de France*, revela o seu interesse em dedicar-se, de forma mais significativa, à pesquisa e ao ensino do tema da linguagem em literatura.

Estabelecido este contexto mais geral em que o tema da literatura se insere na obra de Merleau-Ponty, continuamos, de um modo mais estreito, a apresentar como a relação entre a filosofia e a literatura vai se fazendo no seu pensamento. Esta apresentação permanece situada nos anos de 1950, período em que Merleau-Ponty dedicou-se ao ensino no *Collège de France*. As notas de curso redigidas por Merleau-Ponty serviam de apoio para a sua exposição oral. Embora essas notas apresentem no seu estado primitivo um formato de rascunho, não podemos deixar de considerar que elas nos mostram o pensamento do seu autor. É este pensamento presente nas notas de curso, ainda pouco exploradas pelos seus pesquisadores, que queremos trazer para a nossa investigação. Aqui, elegemos três cursos ministrados pelo

---

19. Ibid., 29-30.

filósofo, que consideramos pertinentes para o tema da pesquisa. Estes cursos, na nossa exposição, observam a seguinte ordem: *Recherches sur l'usage littéraire du langage* (1953), *Le problème de la parole* (1953-1954), *L'ontologie cartésienne et l'ontologie d'aujourd'hui* (1960-1961).

2.2. O curso de 1953: sobre o uso literário da linguagem

Em 1953, primeiro ano de seu ensino no *Collège de France*, Merleau-Ponty propôs um curso com o título *Recherches sur l'usage littéraire du langage*. Este curso está dividido em quinze sessões, que o filósofo chama de lições. Nas duas primeiras lições, Merleau-Ponty introduz o problema do uso literário da linguagem e nas outras treze ele se dedica a investigar o modo como Valéry e Stendhal usam a linguagem em suas obras. Aqui, nos deteremos na segunda lição.

O que Merleau-Ponty pode nos dizer com um curso sobre o uso literário da linguagem? Em sua apresentação, ele parte da compreensão de que a teoria da linguagem se apoia sobre as formas exatas, isto é, sobre os enunciados instituídos. No entanto, estas formas exatas perdem "[...] de vista o valor heurístico da linguagem, sua função conquistadora, que, ao contrário, se manifesta no escritor ao trabalho"[20]. A literatura, por sua vez, vai além do interesse que a filosofia da linguagem tem por ela. Segundo Merleau-Ponty, os escritores modernos são conscientes de que a tarefa de escrever não é simplesmente a de enunciar aquilo que se concebe. Para o escritor moderno, escrever "é trabalhar com um artifício que ora dá mais e ora dá menos do que colocamos e isso é apenas

---

20. Id., *Recherche sur l'usage littéraire du langage. Cours au Collège de France Notes, 1953*, Genebra, MétisPresses, 2013, 61.

consequência de uma série de paradoxos que tornam a tarefa do escritor uma tarefa exaustiva e interminável"[21]. O trabalho do escritor, na segunda lição deste curso, é apresentado por Merleau-Ponty a partir das seguintes perguntas: *o que escrevemos?, por que e como escrevemos?, quem escreve?*.

O que escrevemos? Merleau-Ponty nos diz que o escritor escreve o verdadeiro e o imaginário, a técnica e o fundo, a revelação e a tese, a palavra e o silêncio. Embora apresente esses quatro pares paradoxais, ocupa-se apenas do último. Sobre a palavra e o silêncio, afirma que "dizer não é dizer, já que não dizemos mais *alguma coisa*"[22]. Já sabemos que a obra literária é criada a partir daquilo que o escritor percebe no mundo, contudo a sua tarefa não se limita a descrever o visível. Pela linguagem literária, o escritor descreve aquilo que da ordem do sensível permanece invisível. Assim, a linguagem literária, ao romper o silêncio, permite ver o invisível através do visível. Sem a linguagem literária, o mundo seria silencioso e não seríamos capazes de ver o invisível por meio do visível. É preciso perceber o que está entre as palavras, pois o silêncio, na linguagem literária, é tão significante quanto os próprios significantes.

Por que e como escrevemos? Para Merleau-Ponty, "o escritor, se não escreve de acordo com um universal, não sabe bem o que está escrevendo, só saberia lendo a si mesmo"[23]. No entanto, o escritor não escreve para ler a si mesmo, mas porque almeja ser lido por um outro. E é escrevendo de acordo com um universal que consegue se relacionar com um outro, seu leitor. Podemos perceber, desse modo, que a relação entre o

---

21. Id., *Résumés de cours. Collège de France 1952-1960*, Paris, Gallimard, 1968, 23.
22. Id., *Recherche sur l'usage littéraire du langage*, 79.
23. Ibid., 81.

escritor e o leitor acontece porque ambos concordam com os mesmos signos e falam a mesma língua, isto é, escritor e leitor se encontram no mesmo terreno das significações adquiridas e disponíveis. Contudo, a relação entre o escritor e o leitor é constituída por uma constante tensão:

> [...] o escritor [...] precisa do leitor: ele não pode ler a si mesmo, ele apenas faz livros, grimórios, signos, que só ganharão vida no leitor. [...] Escrever é querer ser lido. O leitor, por outro lado, precisa do escritor. [...] Essa tensão deve ser resolvida porque o escritor "procura" o leitor livre, e o leitor ama o escritor livremente, e não na *dependência*[24].

Quem escreve? Merleau-Ponty parte de um paradoxo existente entre o autor e o homem, entre escrever e viver. Ele se pergunta se existe uma literatura que possua uma maneira muito particular de descrever a vida, sem tocar a vida de *quem escreve*, ou ainda, se o autor, ao escrever, permanece homem. A partir da vida e obra de Stendhal e de Valéry, mostra-nos que este paradoxo está em todo lugar e que não há uma coexistência pacífica entre autor e homem, entre escrever e viver. Em Stendhal, por exemplo, "a atividade de escrever e a de viver comunicam-se, porque ele próprio viveu sonhando, imaginando-se e ainda escreve sonhando ou imaginando sua vida. Sua maneira de viver torna-se estilo literário, beylismo"[25]. Em Valéry, por outro lado, "o problema de escrever e viver existe para ele, antes de mais nada, porque escrever/viver não existe. Ele conhece apenas um exercício do espírito, sempre continuado, que por si só não termina na

---
24. Ibid., 82.
25. Ibid., 84.

vida nem no trabalho"[26]. Valéry, portanto, não escreve a partir daquilo que vive, mas a partir da recusa de viver.

Ao final desta segunda lição, Merleau-Ponty nos diz que o objetivo do curso não é o problema profissional do escritor, mas conhecer a linguagem literária no confronto com sua prática. Portanto, ao se voltar para a literatura no intuito de elaborar uma teoria da linguagem, Merleau-Ponty busca superar o problema da linguagem objetiva. O tema da linguagem, como veremos, ocupa um lugar significativo no curso subsequente.

2.3. O curso de 1953-1954: sobre o problema da fala

Entre dezembro de 1953 e abril de 1954, Merleau-Ponty propôs um curso sobre *Le problème de la parole*. Este curso está pensado em três partes. Na primeira, apresenta as contribuições da linguística ao pensamento da linguagem. Para isso, Merleau-Ponty aproxima-se, sobretudo, da linguística de Saussure. Na segunda, expõe os temas da afasia e da aquisição da linguagem na criança. Na terceira e última parte, propõe fazer uma leitura da obra de Proust. Como podemos perceber neste plano de curso, Merleau-Ponty continua a aprofundar o tema da linguagem no seu projeto filosófico. Permaneceremos aqui, apenas na primeira parte do curso, buscando compreender a leitura feita por Merleau-Ponty da linguística de Saussure e as implicações disso para o seu projeto filosófico.

No resumo deste curso, Merleau-Ponty nos diz que "a fala não realiza apenas as possibilidades inscritas na linguagem. Já em Saussure, apesar das definições restritivas, está longe de ser um efeito simples, ela modifica e sustenta a linguagem

---

26. Ibid., 85.

tanto quanto é carregada por ela"[27]. Segundo Merleau-Ponty, ao abordar o tema da fala, Saussure transportou o estudo da linguagem para um outro campo. "Ele questionou a distinção massiva entre signo e significado, que parece se impor ao considerar apenas a linguagem instituída, mas que se confunde na fala"[28]. Busquemos compreender melhor as implicações desta afirmação.

Ao tomar por tema de seu curso a noção de fala, Merleau-Ponty indica que não pretende trabalhar esta noção sob o ponto de vista da psicologia, isto é, a fala no sentido de simples realização individual facultativa, pois seu interesse é tomar "a língua tal como está envolvida na operação viva [...] da fala, – não reduzida aos seus resultados visíveis (correspondências lexicais), mas considerada de acordo com a linguística 'interna' em sua vida sistemática simultânea e sucessiva"[29]. O que é, portanto, esta "linguística interna"? Na tentativa de superar o pensamento intelectualista e empirista, Merleau-Ponty compreende que a linguagem não pode apreender-se a si mesma, pois caso o faça, torna-se objeto, deixando de ser significação para ser unicamente um conjunto de signos. A apreensão da linguagem não se faz de fora dela mesma, como se apreende um objeto, mas no seu próprio interior. Podemos perceber que a reflexão merleau-pontyana acerca da linguagem, ao abandonar a compreensão de uma linguagem objetivada e considerar a sua apreensão a partir do seu interior, está centrada na atividade do sujeito falante. Assim, é neste sentido que Merleau-Ponty pensa uma fenomenologia da linguagem *com* e *para além* de Saussure.

---

27. Id., *Résumés de cours. Collège de France 1952-1960*, 33.
28. Ibid., 33.
29. Id., *Le Probème de la Parole. Cours au Collège de France. Notes, 1953-1954*, Genebra, MètisPresses, 2020, 74.

Em Saussure, contrariamente aos estudos acerca da linguagem vigentes em sua época, o sentido da língua é colocado no seu próprio interior. Esta ideia é afirmada por ele através da célebre metáfora do jogo de xadrez. Ele nos diz que no jogo de xadrez o mais importante são as regras que determinam os movimentos das peças. Para Saussure, o sentido é dado pela relação e oposição em que se colocam os signos linguísticos, de maneira que tudo se constitui dentro do próprio sistema, sem depender das situações externas da língua. Ele estabelece uma oposição entre o sistema (língua) e o seu uso (fala), dando maior importância ao tema da língua do que ao da fala. Merleau-Ponty supera esta oposição e centra o seu projeto, como vimos, na fala. Embora a reflexão de Saussure não esteja centrada na fala, como nos apresenta Merleau-Ponty, ela abre a possibilidade para pensar uma linguística da fala. Para Merleau-Ponty, "Saussure inaugura, ao lado da linguística da *língua*, que a faria ser vista, no limite, como um caos de acontecimentos, uma linguística da *fala*, que deve mostrar em si, a cada momento, uma ordem, um sistema, uma totalidade"[30].

Embora afirme uma dupla linguística, Saussure não faz distinção entre ambas. Ele considera que a língua e a fala "[...] estão estreitamente ligadas e se implicam mutuamente; a língua é necessária para que a fala seja inteligível e produza todos os seus efeitos; mas esta é necessária para que a língua se estabeleça"[31]. A leitura que Merleau-Ponty faz de Saussure sobre a linguística da língua e a linguística da fala apresenta um projeto distinto. Como o seu projeto está centrado na noção de fala, ele não parte da distinção entre a linguística da

---

30. MERLEAU-PONTY, M., *A prosa do mundo*, 56.
31. SAUSSURE, F., *Curso de Linguística Geral*, São Paulo, Cultrix, 2000, 27.

língua e a linguística da fala, mas do duplo sentido apresentado pela noção de fala: a *fala falada* e a *fala falante*.

A *fala falada* está relacionada à linguagem instituída, que oferece ao sujeito falante uma língua consolidada. A *fala falante*, ao contrário, está relacionada ao ato inventivo e dinâmico da linguagem. Deste modo, o sujeito falante, ao se expressar pela fala, usa as significações já instituídas para reinventar a linguagem. Merleau-Ponty compreende que a língua "permite exprimir um número indefinido de pensamentos ou de coisas com um número finito de signos"[32], que, escolhidos e recolocados de outro modo na língua, dão uma nova significação às primeiras designações das coisas. Dada a multiplicidade das línguas e a unidade da percepção, Merleau-Ponty não funda o seu projeto na relação entre signo e significação, entre interior e exterior, adequando o signo ao significado, mas na relação interna entre signos. Por conseguinte, segundo ele, há uma relação interna entre os signos, que se remetem uns aos outros, e desta relação interna se expressa a significação, revelando a origem do sentido.

A noção de fala já se encontrava presente em *Fenomenologia da percepção*, porém naquele momento não estava no horizonte de trabalho de Merleau-Ponty descrevê-la como meio de acesso à origem do sentido. Ao tratar do tema do corpo como expressão e fala, em *Fenomenologia da percepção*, ele nos diz que a fala é um gesto linguístico do corpo, já em *Le problème de la parole*, como nos trabalhos desenvolvidos nos anos de 1950, a compreensão do conceito de fala não se limita apenas ao gesto do corpo, ao gesto desprovido de sentido, mas é também meio de acesso à origem do sentido.

---

32. MERLEAU-PONTY, M., *A prosa do mundo*, 30.

Merleau-Ponty busca aproximar os primeiros trabalhos sobre a linguagem, como em *Fenomenologia da percepção*, da sua reflexão nos anos de 1950 a fim de chegar a uma fenomenologia da linguagem. Na busca de uma nova compreensão da linguagem, pensa "a percepção como acesso ao ser e a linguagem como prolongamento desta relação primitiva ao ser"[33]. Neste momento, Merleau-Ponty compreende que a *Fenomenologia da percepção* não consegue "ligar o mundo perceptivo às suas articulações linguísticas"[34] e, por esta razão, como veremos a seguir, a sua investigação filosófica se abre para a dimensão ontológica.

2.4. O curso de 1960-1961: sobre Paul Claudel?

O curso de 1960-1961 tem como título *L'ontologie cartésienne et l'ontologie d'aujourd'hui*. Este curso, como vimos com o curso sobre a *Philosophie et non-philosophie depuis Hegel*, também foi interrompido pela súbita morte de Merleau-Ponty. Como anuncia o título, o objetivo do curso é "buscar formular filosoficamente nossa ontologia, que permanece implícita, no ar, e fazê-lo por contraste com a ontologia cartesiana"[35]. Por que razão ele faz este desvio? Porque, como nos explica,

> existe um pensamento fundamental que nem sempre é uma "filosofia" explícita. [...] Em todo caso, na França de hoje, filosoficamente, não sabemos o que pensamos – toda uma parte da filosofia da tragédia passa em Camus, Sartre – mas surge como [uma] novidade "literária"[36].

---

33. ANDÉN, L., Pour une phénoménologie du langage: le primat ontologique de la parole, in: MERLEAU-PONTY, M., *Le Problème de la Parole*, 11.
34. Ibid., 11.
35. MERLEAU-PONTY, M., *Notes de cours (1959-1961)*, 167.
36. Ibid., 163, 165.

Neste curso, assim como no curso sobre a *Philosophie et non-philosophie depuis Hegel*, voltamos à abordagem do tema da não filosofia e da literatura como sendo "um pensamento fundamental". Entretanto, este curso de 1960-1961 se diferencia dos demais porque nele Merleau-Ponty, busca formular filosoficamente uma ontologia. O curso sobre *L'ontologie cartésienne et l'ontologie d'aujourd'hui* está dividido em duas partes. A primeira parte, com subdivisões em A, B e C, tem o título "La pensée fondamentale en art" e a segunda "Descartes". Aqui só nos deteremos no ponto C da primeira parte.

Merleau-Ponty – após apresentar no ponto A o tema da visão e a pintura contemporânea, e no ponto B o tema da visão em Descartes – apresenta no ponto C o tema da filosofia do visível e a literatura. Consagra estas aulas ao trabalho dos escritores modernos. Como ele nos afirma, o seu propósito ao abordar este tema é "buscar na literatura [a] atestação de que o escritor escreve 'sob o ditado do que se pensa, do que se articula nele' e que retém a própria essência do visível"[37]. Recorre a Proust, Claudel e Claude Simon para nos apresentar modelos de "um pensamento fundamental". Nosso interesse aqui se detém na apresentação sobre Claudel.

Neste momento do curso, Merleau-Ponty faz uma incursão pelas obras de Claudel, sem apegar-se, em particular, a algum texto. Este momento do curso tem o título *La simultanéité*. Como nos informa Merleau-Ponty em uma nota sobre o curso, o título tem a sua origem nas reflexões feitas por Jean Wahl acerca do pensamento de Claudel. No ano de 1957, Jean Wahl consagrou um curso inteiro na Sorbonne sobre Claudel com o título *Défense et élargissement de la philosophie. Le recours*

---

37. Ibid., 187.

aux poètes: Claudel, Valéry. Dois anos mais tarde, em 1959, publicou nos *Cahiers Paul Claudel* extratos do seu curso com o título *Simultanéité, peinture et nature*[38].

Podemos nos perguntar sobre o motivo pelo qual Merleau-Ponty recorre ao pensamento de Claudel para elaborar a sua ontologia. No tocante a esta sua leitura, Lefort nos diz que o filósofo encontra no poeta, em particular, "a noção de uma 'coesão do ser' que desafia qualquer representação do espaço como extensão e do tempo como uma sucessão de momentos, e que implica uma ideia do ser"[39]. Para Claudel, esta ideia do ser ou, como ele gostava de afirmar, de Deus, não pode ser compreendida "como acima, mas como abaixo de nós; a ideia de uma participação de tudo em tudo que não significa indistinção, mas a união de incompossíveis"[40]. Merleau-Ponty encontra no pensamento claudeliano uma definição do ser que se aproxima da sua noção de carne, descrita nos seus últimos trabalhos, sobretudo em *O visível e o invisível*. Isto significa que a concepção do ser apresentada pelo poeta o ajuda a formular uma ontologia. Isso posto, não podemos deixar de mencionar que nas lições sobre *A simultaneidade*, Merleau-Ponty, sob a perspectiva de Claudel, pensa o ser segundo as relações de tempo e espaço, interior e exterior, visível e invisível. No entanto, não entraremos neste momento da nossa pesquisa numa compreensão mais aprofundada destes pares de conceitos, visto que no segundo capítulo trataremos, exclusivamente, da noção de tempo e, consequentemente, retornaremos às lições sobre *A simultaneidade*.

---

38. WAHL, J., Simultanéité, peinture et nature, *Cahiers Paul Claudel*, v. 1, n. 1 (1959) 221-249.

39. LEFORT, C., Préface, in: MERLEAU-PONTY, M., *Notes de cours (1959-1961)*, 21.

40. Ibid., 21.

Tendo estabelecido este breve contexto em que o pensamento de Claudel se insere no curso sobre *L'ontologie cartésienne et l'ontologie d'aujourd'hui*, podemos nos interrogar, assim como fizemos com os temas da não filosofia e da literatura, sobre o lugar de Claudel na obra de Merleau-Ponty. Não obstante nosso interesse em descrevê-lo, percebemos a necessidade de começar por introduzir algumas notas sobre a vida e a obra de Claudel. Este desvio é necessário porque a obra claudeliana, na verdade, não é uma simples criação da imaginação do poeta, mas a transposição de uma experiência de vida. Por essa razão, ter acesso a algumas informações sobre a vida do poeta, como veremos a seguir, permite uma melhor compreensão de sua obra e, consequentemente, de seu lugar no pensamento de Merleau-Ponty.

3. Paul Claudel: vida e obra

A obra de Paul Claudel se confunde com a sua vida. Claudel, durante os seus oitenta e seis anos de vida, deixou uma imensa e diversa obra que busca descrever poeticamente o mundo vivido. Sendo habitado por uma profunda inquietação, comum aos poetas, ele se *volta às coisas mesmas* – procurando nas aparências do mundo um sentido inteligível e querendo possuir plenamente a realidade com todos os seus sentidos – para criar a sua obra. No entanto, ao se *voltar às coisas mesmas* em seu trabalho de criação, o poeta percebe o mundo de *um lugar* e, em Claudel, este lugar é a sua própria existência.

Ao buscar apresentar a vida de Claudel, não nos fundamos unicamente em compreender a sua obra, mas também em oferecer elementos para entender a razão pela qual Merleau-Ponty recorre ao pensamento claudeliano para construir o seu projeto filosófico. Assim sendo, a nossa apresentação está organizada em dois momentos. No primeiro momento apresentaremos algumas notas biográficas sobre Claudel, dando maior relevância a sua experiência de conversão e de fé, que nos permitirão melhor compreender a sua obra. No segundo momento, após uma breve apresentação sobre sua obra, faremos uma introdução particular à obra *Art poétique*. Esta obra, como veremos no final deste capítulo, marcou profundamente o pensamento de Merleau-Ponty.

3.1. Algumas notas biográficas

Paul Claudel nasceu em 6 de agosto de 1868 em Villeneuve-sur-Fère, um pequeno povoado situado no Grande Leste da França. O casal Claudel, seus pais, Louis-Prosper e Louise-Athénaïse, teve três filhos: Camille, Louise e Paul. O pequeno Paul passou a sua infância em Bar-le-Duc, na mesma região, até o momento em que a sua família, no ano de 1882, instalou-se em Paris. Nascido no seio de uma família burguesa e católica, Paul cresceu em uma região rude, marcada pelo trabalho agrícola e pelas festas litúrgicas. É nesta paisagem interiorana e rústica que o seu coração e o seu espírito "abriram-se ao mesmo tempo à religião e à poesia"[41]. Desde cedo habitado pela vocação criadora, o poeta afirma que "toda essa imensa paisagem descoberta aos meus olhos estava cheia de uma tragédia latente, [...] de ameaças, presságios, meditações e soluços"[42].

Ao deixar sua terra natal para viver em Paris, o jovem Paul Claudel levou na memória a paisagem rural e o clima

---

41. CLAUDEL, P., Mon pays, in: ID., *Contacts et circonstances. Oeuvres en prose*, Paris, Gallimard, 1965, 1006.

42. Ibid., 1007.

sagrado de Bar-le-Duc, que serviram constantemente de inspiração no seu ofício de escritor. Instalados na capital francesa, Paul iniciou a educação secundária no liceu Louis-le-Grand. Em 1882, com catorze anos, Claudel começava a escrever os primeiros textos. Ao final deste tempo, ele passou nos exames de admissão (*baccalauréat*) e se inscreveu, em 1886, no curso de Direito. Durante este período de estudos na *École des sciences politiques*, ele teve contato com a obra de Arthur Rimbaud. A leitura das obras *Illuminations* e *Une saison en Enfer* provocou no jovem poeta uma dupla descoberta: em um primeiro momento, Claudel descobriu na poesia de Rimbaud a criação de uma forma poética que recusava as métricas tradicionais; encontrando no autor uma relação com o mundo que se aproximava da sua própria história, isto é, Rimbaud colocava na sua poesia as lembranças da infância, da paisagem interiorana e a angústia diante de um universo moderno. Estas lembranças e sentimentos também habitavam Claudel na sua juventude parisiense. Paul Claudel, ao longo de sua vida, nunca deixou de reconhecer a importância do pensamento de Rimbaud em sua obra.

O jovem Claudel, no Natal de 1886, viveu uma profunda experiência na catedral de Notre-Dame de Paris que mudou o curso da sua vida. Ele relata que neste dia foi à catedral para acompanhar as celebrações de Natal. Após a participação da missa pela manhã, não tendo nada de importante para fazer, como relata, voltou a Notre-Dame para participar das vésperas. No momento em que as crianças do coral cantavam o *Magnificat*, descreve Claudel, produziu-se nele o evento que dominou toda a sua vida: a sua conversão, que ele narra com as seguintes palavras:

> Em um instante meu coração foi tocado e *eu acreditei*. Eu acreditei, com tanta força de adesão, tanta elevação de todo o meu

ser, uma convicção tão poderosa, tanta certeza que não deixava espaço para nenhuma espécie de dúvida de que, desde então, todos os livros, todo o raciocínio, todas as chances de uma vida agitada não poderiam abalar minha fé, nem, para dizer a verdade, tocá-la[43].

O processo de conversão de Claudel, profundamente marcado pela experiência em Notre-Dame, durou quatro anos. Ele define estes anos da sua juventude como sendo o momento de maior crise de sua existência. A conversão radical de Claudel mudou significativamente o seu modo de agir e de pensar, chegando ao ponto de reconsiderar a sua aspiração de seguir a vocação de escritor. Sendo profundamente tocado por esta experiência, como o jovem Claudel pretendia viver a fé cristã? Ele seguiria uma vocação religiosa, entrando em uma ordem religiosa, ou continuaria a alimentar o desejo de se tornar um escritor? Embora a dimensão da fé cristã fosse basilar na vida de Claudel, ele não seguiu uma vocação religiosa. Claudel se decidiu por constituir uma família e seguir a sua vocação de escritor concomitante à carreiradiplomática.

No ano de 1890, Paul Claudel entrou no Ministério das Relações Exteriores, iniciando uma longa carreira diplomática que terminou com a sua última missão em 1935. Nestes 46 anos de atividade diplomática, que ele chamava de sua "segunda profissão", a profissão de escritor, ou melhor, a vocação de escritor nunca ficou negligenciada. Embora a carreira diplomática exigisse de Claudel uma mudança constante de país, cultura, língua, clima, para citar alguns exemplos, ele

---

43. Id., *Ma conversion*, in: ID., *Contacts et circonstances. Oeuvres en prose*, Paris, Gallimard, 1965, 1010.

era um homem que gostava de hábitos. No início de cada manhã, por exemplo, antes de começar o trabalho diplomático, dedicava, sistematicamente, cerca de duas horas à leitura e à escrita. A carreira diplomática o levou a viver em países como os Estados Unidos, a China, o Brasil, o Japão e a Itália.

Durante a Primeira Guerra Mundial, após o término de uma missão na Itália, Claudel foi nomeado ministro plenipotenciário no Brasil. A sua permanência em terras brasileiras durou aproximadamente dois anos, de fevereiro de 1917 a novembro de 1918. Neste período, ele escreveu *L'Ours et la lune* – farsa inspirada na fauna e flora do Brasil para ser interpretada por marionetes – e *L'Homme et son désir* – escrito em colaboração com o compositor Darius Milhaud – para um cenário de balé.

Ao final da sua carreira diplomática, em 1935, Paul Claudel passou a residir em Paris. Com o início da Segunda Guerra Mundial, no ano de 1940 ele se instalou na sua propriedade de Brangues, em Dauphiné, dedicando-se exclusivamente à sua vocação de escritor. Neste período, Claudel consagrou-se a escrever alguns comentários sobre as Sagradas Escrituras buscando explorar, como poeta mais do que como teólogo, os segredos e os mistérios daquele que é para ele a fonte de toda poesia e de toda graça. Após o difícil período da guerra, em 1946, com 78 anos, Claudel foi eleito para a Academia francesa. Nove anos depois, em 23 de fevereiro de 1955, com 86 anos, veio a falecer, sendo sepultado em Brangues, sob o epitáfio que ele mesmo havia composto: "Aqui descansam os restos e a semente de Paul Claudel"[44].

---

44. LAGARDE, A.; MICHARD, L., Paul Claudel, in: ID., *XXe Siècle. Les grands auteurs français. Anthologie et histoire littéraire*, Paris, Bordas, 2003, 189.

Tendo percorrido alguns momentos da vida de Paul Claudel, podemos retirar dela uma informação que nos ajuda a melhor compreender a sua obra: a experiência religiosa.

3.2. A génese de um pensamento

Se queremos compreender melhor a obra de Claudel, devemos considerar o seu modo de escrever, constantemente marcado pela sua experiência de fé.

Claudel tem um modo de escrever simples e moderno, que não só faz vibrar grandes sentimentos nos seus leitores, mas expressa para eles a Natureza transfigurada por um estilo. Ao escrever simples, sem dispensar a profundidade, Claudel coloca o leitor diante da sua própria história e das suas próprias aspirações transformadas pela literatura. Por esse motivo, podemos afirmar que a sua obra é profundamente humana e moderna. Ela é humana porque nos aproxima do divino existente em nós e é moderna não só por estar inserida no movimento simbolista, mas por fugir da tradição francesa da ordem e da clareza. É provavelmente por este motivo que Claudel permaneceu negligenciado, até mesmo ignorado, por uma grande parte do público católico do seu tempo. Em 1931, Jean Hyppolite, ao proferir uma conferência sobre Claudel, reconhece que não compreende a razão pela qual os católicos, "dispondo de um grande poeta cuja ortodoxia nunca poderia ser posta em dúvida, preferem pequenos poetas cujo catolicismo ortodoxo é no mínimo incerto"[45].

Sabemos que a experiência religiosa de Claudel se passa no interior da Igreja Católica e que, consequentemente, os

---

45. HYPPOLITE, J., *L'esthétique de Paul Claudel*, Limoges, Imprimerie E. Rivet, 1931, 4.

seus trabalhos são associados ao catolicismo. Embora o catolicismo pareça, ao menos no primeiro momento, estar no centro da sua obra, precisamos, para evitar alguma confusão, compreender o sentido desta palavra. Antes de associarmos o termo *católico* a uma instituição religiosa, devemos ter presente que o termo grego καθολικός significa "universal". Na perspectiva da universalidade, podemos afirmar, com efeito, que o catolicismo ocupa um lugar central na obra de Claudel. No entanto, se em Claudel o catolicismo é compreendido como universalidade de uma obra, não podemos deixar de considerar que seus trabalhos são inspirados pelo sentimento religioso. Esta característica, também presente nos trabalhos de Claudel, faz dele, ao lado de Charles Péguy, um dos principais escritores do século XX, cujo pensamento é marcado pela experiência religiosa.

Certamente alguns leitores podem se sentir desconfortáveis com os textos de Claudel porque seus trabalhos estão fortemente relacionados à sua experiência religiosa. No entanto, não podemos desconsiderar que Claudel percebe o mundo através de sua fé e sua experiência pessoal se confunde, constantemente, com a experiência literária. Num sentido ainda mais radical sobre a relação entre vida e obra, Hyppolite nos diz que precisamos transcender esta ideia, "ir ainda mais além e dizer que, para Claudel, o problema da visão e da expressão [...] não difere do problema religioso"[46]. Ele justifica esta afirmação nos dizendo que em Claudel,

> a Musa que o inspira, é a Musa "que é a Graça". A arte poética (título de uma obra dogmática de Claudel) é a arte de ver o Mundo em Deus, e as Grandes Odes são a narração dessa

---

46. Ibid., 5.

transformação das aparências que coincide exatamente com a transformação de si mesmo[47].

A Musa inspiradora de Claudel, isto é, a Graça de Deus, favoreceu-o ao longo da vocação de escritor, dado que ele nos legou uma imensa, diversa e fecunda obra literária. Ao mesmo tempo que expõe e varia seus temas, Claudel se esforça por manter a unidade da sua obra, na diversidade dos modos de expressão: reflexão poética-filosófica (tratados), lirismo (odes) e dramaturgia (teatro). Embora expresse o sensível nos diversos modos da linguagem literária, no seu ofício de escritor a obra de Claudel se caracteriza por uma profunda unidade de estrutura, ritmo e tom.

Claudel cria os seus textos a partir da dupla estrutura primitiva da fala: monólogo (forma lírica) e diálogo (forma dramática). Entre estas duas formas de expressão, comumente conhecidas por seus leitores, encontra-se a obra em prosa. Em Claudel, a prosa se aproxima da poesia, pois ele usa com frequência estruturas parecidas com o verso. A obra em prosa pode ser repartida em duas grandes categorias: os ensaios ou tratados e os comentários bíblicos. A tríade, poesia, teatro e prosa, forma o *corpus* claudeliano. Esta tríade, portanto, é marcada por uma "concepção rítmica e não histórica [...]", porque, para Claudel, "[...] o Tempo não é fluxo contínuo, mas pulsação, e seu análogo na linguagem é essa pulsação verbal que dá origem à alternância do diálogo e do monólogo"[48].

Tempo é pulsação. Claudel escreveu um tratado sobre a sua concepção do Tempo. Este tratado, em companhia de

---

47. Ibid.
48. LAGARDE, A.; MICHARD, L., Paul Claudel, 190.

outros dois, está na obra *Art poétique*. Na nossa apresentação, começaremos por introduzir a origem e a estrutura do texto para, em seguida, expor as motivações que levaram Claudel a escrever esta obra.

3.3. *Art poétique* de Claudel

A obra *Art poétique* é o texto mais filosófico e abstrato de Claudel. Está dividida em três partes. A primeira parte tem o título "Connaissance du temps", foi publicada em 1903, período em que Claudel se encontrava, pela segunda vez, em missão diplomática na China. A segunda, intitulada "Traité de la co-naissance au monde et de soi-même" foi escrita entre 1903-1904. A terceira e última parte, sob o título "Développement de l'Église", é a mais antiga, tendo sido escrita em 1900. O conjunto desses textos foi publicado em 1907 com o título *Art poétique*. A escolha deste título expressa a intenção de Claudel em apresentar nesta obra uma concepção do universo como arte poética. Faremos uma breve introdução de cada uma dessas partes da obra.

Na primeira parte, acerca do conhecimento do tempo, Claudel começa por introduzir a tese principal sobre a "interpretação do Universo e da figura que formam à nossa volta as coisas simultâneas"[49]. Em seguida, ele apresenta resumidamente cada artigo que compõe o tratado: sobre a causa, sobre o tempo e sobre a hora. Claudel começa com a noção de causa, porque pretende atacar sobretudo os filósofos positivistas, recusando deles aquilo que ele chama de *lógica antiga*, fundada no silogismo, para defender uma *nova lógica*, isto é, uma nova arte poética do universo. Ele compreende esta *nova*

---

49. CLAUDEL, P., *Art poétique*, Paris, Gallimard, 1984, 35.

lógica como a relação que cada objeto no mundo mantém com todos os outros, com o todo em que está inscrito. Em seguida, ele apresenta os outros dois conceitos separadamente, embora tratem sobre o mesmo tema: a temporalidade. Sobre a temporalidade, podemos citar Xavier Tilliette, profundo conhecedor do pensamento de Claudel, que nos diz que "o tempo claudeliano é o tempo *que nunca envelhece*, o tempo da floração incomensurável e da novidade perpétua, da gênese e dos recomeços sempre novos"[50].

A segunda parte, sobre o conhecimento do mundo e de si mesmo, está dividida em cinco artigos: sobre o conhecimento bruto, sobre o conhecimento nos seres vivos, sobre o conhecimento intelectual, sobre a consciência e sobre o conhecimento do homem depois de sua morte. Não aprofundaremos, aqui, cada um dos artigos mencionados, porque, oportunamente, retornaremos sobre eles. Neste momento importa saber que a tese principal deste tratado está no "parentesco das palavras nascer e conhecer"[51]. A originalidade do pensamento de Claudel consiste em afirmar que conhecer é o mesmo que nascer. Todo conhecimento é um novo nascimento. Com este parentesco, também pretende considerar a insuficiência de qualquer teoria estritamente intelectualista do conhecimento. Portanto, afirmar que o conhecimento é comparável ao nascimento é o mesmo que afirmar um ato vital essencial que não envolve apenas o intelecto, mas todo o ser vivo, isto é, corpo e alma.

---

50. TILLIETTE, X., Claudel philosophe, *Gregorianum*, v. 75, n. 4 (1994) 705-721.

51. CLAUDEL, P., *Art poétique*, 65. Em francês, a palavra nascer (*naître*) está contida na palavra conhecer (*connaître*), p. ex. *con-naître*. Logo, é mais fácil perceber a relação proposta de que todo conhecimento é também nascimento.

Na terceira e última parte, que trata do desenvolvimento da Igreja, Claudel reflete sobre a arquitetura religiosa e sua significação simbólica. Desta parte da obra, a informação que pode nos interessar é a metáfora que usa para descrever o mundo, comparando-o a uma catedral gótica. Ao final deste parágrafo sobre a origem e a estrutura da obra, passaremos a uma breve exposição sobre as motivações que levaram Claudel a escrever a sua *Art poétique*.

O conjunto destes tratados aparece como resultado das diversas experiências vividas por Paul Claudel. Das experiências que o marcaram na criação de uma arte poética, gostaríamos de apresentar três delas. A primeira está inserida no contexto de uma crise psicológica. Em uma carta endereçada ao seu amigo Frizeau, Claudel afirma que a redação do "Traité de la co-naissance au monde et de soi-même" tinha abrandado a angústia de morte que o atormentava neste momento. Não podemos esquecer, como descreve o próprio Claudel a seu amigo, que a sua escrita é contemporânea às dificuldades e incertezas existentes no início do século XX. Por esse motivo, a reflexão e a escrita teriam sido um meio encontrado por ele para conter a ansiedade. A segunda experiência se situa no âmbito intelectual. Marcado não só pelas leituras de Aristóteles, em especial da *Metafísica*, e de Tomás de Aquino da *Suma Teológica*, mas também pelos filósofos gregos pré-socráticos e pelos filósofos espiritualistas do final do século XIX, Claudel retoma temas presentes na teoria do conhecimento e na crítica do determinismo. No entanto, ele nos diz que "este livro foi inspirado, em grande parte, por Santo Tomás, seja porque concordo com ele, ou seja, ao contrário, que suas ideias me abriram novos horizontes e me pareceram trilhar um caminho, não oposto, mas lateral"[52]. A

---

52. CLAUDEL, P., *Mémoires Improvisés*, 196.

terceira e última experiência, trata da leitura da obra *Eureka* de Edgar Alan Poe. A partir deste modelo literário, Claudel escreve sua *Art poétique* no estilo de um longo e singular poema em prosa.

Como podemos perceber, a leitura dos filósofos e poetas marcou profundamente o processo de criação da obra *Art poétique*, que, por sua vez, marcou vários filósofos contemporâneos. Gabriel Marcel, por exemplo, em entrevista a Paul Ricoeur, reconhece a importância de Claudel para a construção do seu pensamento, sobretudo em seus primeiros trabalhos, entre eles *Journal métaphysique*[53]. No entanto, paradoxalmente, como explica Tilliette, não foi um filósofo cristão como Gabriel Marcel que mais recorreu ao pensamento de Claudel, mas Merleau-Ponty, com uma obra muito mais marcada pelo pensamento claudeliano do que a de Gabriel Marcel[54].

Ao final deste desvio, no qual buscou-se introduzir algumas notas sobre a vida e a obra de Paul Claudel, retomamos a nossa indagação anterior sobre o lugar de Claudel na obra de Merleau-Ponty. Situaremos na obra deste a presença do pensamento claudeliano e introduziremos as implicações desta presença para o pensamento do filósofo.

4. O lugar de Claudel no projeto filosófico de Merleau-Ponty

Qual o lugar de Claudel na obra de Merleau-Ponty? Podemos começar afirmando que está *por toda parte e em parte alguma*. Dizemos que ele está *por toda parte* porque "a obra de Merleau-Ponty – com exceção, talvez, de seu pensamento

---

53. RICOEUR, P.; MARCEL, G., *Entretiens Paul Ricoeur – Gabriel Marcel*, Paris, Aubier-Montaigne, 1968, 23.
54. TILLIETTE, X., *Le jésuite et le poète*, Paris, de Paris, 2005, 67.

político – cruza recorrentemente o mundo claudeliano"[55]. Não está *em parte alguma* porque ele não dedica um texto especialmente aprofundando ao pensamento claudeliano. Na tentativa de situar o lugar de Claudel na obra de Merleau-Ponty, podemos perceber que desde *A estrutura do comportamento* às últimas páginas de *O visível e o invisível*, quase não existe "meditação que não inclua uma citação do poeta, dramaturgo ou crítico de arte a quem o filósofo rendeu uma eloquente homenagem póstuma, coletada em *Signos*"[56].

Merleau-Ponty, na sua obra *Signos*, presta uma homenagem póstuma a Claudel, cuja obra tocou "tantos homens alheios às suas crenças"[57]. Nesta homenagem, o filósofo começa enaltecendo o poeta com as seguintes palavras:

> Se o gênio é aquele cujas palavras têm mais sentido do que ele mesmo lhes podia dar, aquele que, ao descrever os relevos de seu universo privado, desperta nos homens mais diferentes dele uma espécie de rememoração daquilo que está dizendo, como o trabalho dos nossos olhos desenvolve ingenuamente à nossa frente um espetáculo que também é o mundo dos outros, Claudel foi às vezes um gênio[58].

O que Merleau-Ponty nos quer dizer com a expressão "às vezes"? Ele nos diz que "falar de gênio é postular que um homem pode ser do mesmo estofo do que escreve, e que ele

---

55. CASTIN, N., Le promeneur claudélien, in: SIMON, A.; CASTIN, N. (Org.), *Merleau-Ponty et le littéraire*, Paris, Presses de l'École Normale Supérieure, 1997, 84-92.
56. Ibid.
57. MERLEAU-PONTY, M., *Signos*, 356.
58. Ibid., 352.

produziu como uma macieira produz maçãs"⁵⁹. Em Claudel, na concepção do filósofo, era diferente. Ao buscar compreender esta separação entre vida e obra, Merleau-Ponty se pergunta "por que o mais 'aberto' dos poetas habita o mais fechado dos homens?"⁶⁰. Sabemos que a fé em Claudel é doutrinal, teológica e total, o que o torna intransigente e, em algumas situações, intolerável na relação com os seus contemporâneos. Segundo Merleau-Ponty, "ele decepcionou quase todos aqueles que recorreram a ele para se desobrigarem do cuidado de serem eles mesmos"⁶¹. Com André Gide, por exemplo, ele ordenou que renegasse a homossexualidade, sob a ameaça de romper com a amizade. Se a vida de Claudel nos mostra um homem intransigente e intolerável nas suas relações, a sua obra, mas especificamente "o mundo dos dramas", afirma o filósofo, "é o menos convencional, o menos razoável, o menos 'teológico' possível"⁶². Sobre o paradoxo entre uma vida fechada e uma obra aberta em Claudel, o filósofo termina nos dizendo que "a esse movimento arrebatado que impele os leitores para ele, como se ele fosse um sacramento, o autor só pode responder erguendo barricadas"⁶³.

Muito embora tenhamos começado a nossa apresentação situando o lugar de Claudel na obra de Merleau-Ponty por meio deste texto, que é uma homenagem póstuma, o poeta ocupa um lugar muito mais importante no seu projeto filosófico. Percorrendo as obras de Merleau-Ponty, através das citações feitas, podemos perceber a constante presença de Claudel nas suas reflexões. No entanto, ao trazer o

---

59. Ibid., 353.
60. Ibid., 356.
61. Ibid., 353.
62. Ibid., 355.
63. Ibid., 357.

pensamento claudeliano para a sua reflexão, assim como faz com outros pensadores, "o filósofo nunca apresenta sua concordância ou discordância sem ter, antes, trilhado a necessidade interna que sustenta o pensamento de um outro e sem ter, antes, incorporado o movimento discursivo das ideias de outrem"[64]. Assim, podemos compreender que cada nova ideia apresentada por Merleau-Ponty – a partir da leitura de Claudel – fez nascer nele outras ideias, pois "o texto lido por Merleau-Ponty estava abrindo caminho para um texto novo, para uma escrita nascida no correr da leitura. A reflexão em outrem não é, portanto, apropriação intelectual do pensamento de um outro"[65].

A presença do pensamento claudeliano na obra de Merleau-Ponty não se reduz a uma apropriação de ideias, mas, ao contrário, esta leitura feita pelo filósofo possibilita o surgimento de um novo pensamento. Seguindo esta perspectiva, podemos nos perguntar qual é este novo pensamento ou, de outro modo, quais são as implicações da presença do pensamento claudeliano para o projeto filosófico de Merleau-Ponty. As referências feitas a Claudel ao longo dos seus trabalhos

> revelam uma congruência íntima entre certas abordagens compartilhadas, um território comum fecundo, que daria conta de uma série de teses desenvolvidas na *Art poétique* claudeliana; evocam de maneira às vezes confusa aquelas que Merleau-Ponty levaria à sua conclusão teórica cerca de cinquenta anos depois[66].

---

64. CHAUI, M., *Experiência do pensamento. Ensaios sobre a obra de Merleau-Ponty*, São Paulo, Martins Fontes, 2002, 46.
65. Ibid., 46.
66. CASTIN, N., Le promeneur claudélien.

Merleau-Ponty, como podemos perceber na citação acima, compartilha com Claudel certas abordagens. Esta relação entre os dois pensadores é possível porque Merleau-Ponty, desde a sua juventude, pôde frequentar e absorver os livros de Claudel. Simone de Beauvoir, em suas memórias, nos confirma que o jovem filósofo apreciava os mesmos livros que ela, em geral, "com uma predileção especial por Claudel"[67]. Entre os vários livros lidos e absorvidos de Claudel, as teses desenvolvidas em *Art poétique* marcaram profundamente o pensamento de Merleau-Ponty. Desta obra poética ao mesmo tempo filosófica e abstrata, ele é seduzido especialmente pela teoria do tempo e do conhecimento.

Em *Fenomenologia da percepção*, no capítulo acerca da temporalidade, Merleau-Ponty inicia com uma citação claudeliana: "O tempo é o *sentido* da vida"[68]. Ele comenta esta afirmação "substituindo a simultaneidade cósmica pela 'coesão de uma vida' [...] e o eterno presente pelo presente vivo"[69]. Em *O visível e o invisível*, veremos do mesmo modo Merleau-Ponty recorrer à noção claudeliana do tempo para construir o seu projeto filosófico[70]. Assim, a noção de tempo claudeliana acompanha, dos primeiros aos últimos trabalhos, a reflexão de Merleau-Ponty acerca da temporalidade.

Quanto à noção claudeliana de conhecimento, Merleau-Ponty, em *A estrutura do comportamento*, apresenta pela primeira vez a sua compreensão das ideias presentes em "Traité

---

67. BEAUVOIR, S., *Memórias de uma moça bem-comportada*, Rio de Janeiro, Nova Fronteira, 2015, 218.
68. CLAUDEL, P., *Art poétique*, 48; MERLEAU-PONTY, M., *Fenomenologia da percepção*, 549.
69. TILLIETTE, X., Claudel philosophe.
70. MERLEAU-PONTY, M., *O visível e o invisível*, 104, 119.

de la co-naissance au monde et de soi-même"[71]. A noção de conhecimento (*co-naissance*) – este vocábulo de construção original que une nascimento (*naissance*) e conhecimento (*connaissance*) dentro de um pensamento de coexistência generalizada – acompanha a reflexão merleau-pontyana dos primeiros aos últimos trabalhos. Nos primeiros trabalhos, particularmente em *Fenomenologia da percepção*, a noção de conhecimento é apresentada sob a perspectiva fenomenológica: associando a sensação ao conhecimento. Já nos últimos trabalhos, especialmente em *O visível e o invisível*, a noção de conhecimento é apresentada sob a perspectiva ontológica: associando a noção de carne ao conhecimento.

Apresentamos algumas implicações do pensamento de Claudel na obra de Merleau-Ponty. Começamos apresentando a relação entre filosofia e não filosofia, passamos pela relação entre filosofia e literatura, para chegarmos, enfim, à relação entre Merleau-Ponty e Claudel. Neste caminho percorrido, do geral ao particular, podemos perceber que a leitura do pensamento claudeliano inaugura em Merleau-Ponty um novo pensamento. O filósofo não só pensa *com* Claudel, mas *para além* de Claudel as noções de tempo e conhecimento de que trataremos nos próximos capítulos.

---

71. Id., *A estrutura do comportamento*, São Paulo, Martins Fontes, 2006, 306.

Capítulo II
A TEMPORALIDADE: ENTRE CLAUDEL E MERLEAU-PONTY

Começaremos este capítulo com a apresentação da noção de tempo em Paul Claudel. No tratado sobre o conhecimento do tempo ("Connaissance du temps"), incluído em *Art poétique*, Claudel expõe de maneira sistemática a sua compreensão acerca da temporalidade. Buscaremos aqui seguir a mesma ordem de apresentação deste tratado: prelúdio, sobre a causa, sobre o tempo, sobre a hora e uma síntese conclusiva. Em seguida, exporemos o conceito de tempo em Merleau-Ponty, tema que aparece tanto nos trabalhos publicados como nos inéditos. Dado que nosso objetivo não consiste em apresentar este conceito ao longo da sua obra, nós nos deteremos apenas no capítulo sobre a temporalidade em *Fenomenologia da percepção*. Neste sentido, organizamos a nossa apresentação em dois momentos: No primeiro, abordaremos as reflexões objetivas do tempo; no segundo, trataremos as reflexões subjetivas do tempo. Por fim, buscaremos apresentar as possíveis relações existentes entre Claudel e Merleau-Ponty sobre este tema. Para isso, percorreremos dois caminhos presentes no projeto filosófico merleau-pontyano: o primeiro, o fenomenológico, e o segundo, o ontológico. No fenomenológico, teceremos as possíveis relações entre Claudel e Merleau-Ponty a partir do conceito de temporalidade em *Fenomenologia da percepção*. No ontológico, por sua vez, mostraremos esta relação entre ambos em *O visível e o invisível* e em *L'ontologie cartésienne et l'ontologie d'aujourd'hui*.

1. Paul Claudel: uma interpretação poética da temporalidade

1.1. O prelúdio

Em "Connaissance du temps" – primeiro tratado da obra *Art poétique* – Paul Claudel apresenta a sua concepção da noção de tempo, organizando a exposição em três artigos: sobre a causa, sobre o tempo e sobre a hora, precedidos de um prelúdio, que descreve brevemente os principais temas abordados ao longo do tratado. Deste prelúdio, tomaremos quatro temas que consideramos mais relevantes: o tempo presente, a relação entre o homem e o universo, a poética do universo e a duração do tempo.

Sobre *o tempo presente*, Paul Claudel começa dizendo que ao pensar a noção de tempo, não é o futuro que então considera, mas "é o próprio presente que um deus nos incita a decifrar"[1]. Entende-se então, que só existe o tempo presente e que, portanto, nem o passado nem o porvir têm existência real. Para ilustrar esta afirmação inicial, Claudel coloca o seguinte exemplo: "De um momento para o outro, um homem ergue a cabeça, respira fortemente, espreita, considera e reconhece sua posição: pensa, suspira e, tirando seu relógio do bolso que se aloja de encontro à costela, olha as horas. *Onde*

---

1. CLAUDEL, P., *Art poétique*, 36.

estou? e *Que horas são?* essa é a questão inesgotável que propomos ao mundo"². Assim, neste célebre exemplo, Claudel indica a temporalidade nas coisas que existem e o lugar que o homem reconhece ter no universo.

Se todas as coisas existem no tempo presente, o homem, ao existir entre as coisas existentes, torna-se testemunha deste instante. O homem, por sua própria presença, responde à presença dos seres³ à sua volta, porque é no presente que "se elabora sem interrupção a solidariedade misteriosa que une o homem ao universo"⁴. E o que significa esta unidade misteriosa entre *o homem e o universo?* Sabemos que, desde a antiga cosmogonia grega até os modernos observatórios de astronomia, o homem sempre se interrogou sobre o universo, mas esta misteriosa questão permanece inesgotável. Mesmo assim, por sua presença no universo, ele se sente envolvido na gênese de um mistério que procura conhecer. "O homem pensava que todas as coisas, a cada hora, com seu consentimento íntimo, executadas pela mesma inspiração que mede seu próprio crescimento, elaboravam um mistério que era preciso necessariamente surpreender"⁵. Como existe estreita solidariedade que o une ao universo, o homem sempre pensou

---

2. Ibid., 36.

3. Em *Art poétique*, Claudel compreende o *ser* como existência no seu estado puro, absoluto e total. Contudo, partindo da concepção bíblica de criação, ele pensa uma ontologia que diferencia a criatura (*ser*) do seu Criador (*Ser*). Na criação divina, o *Ser* (Deus), com seu sopro, dá vida ao *ser* (criatura). Mesmo sendo de naturezas distintas, através da temporalidade, o *ser* mantém uma identidade ontológica com a sua fonte, que é o próprio *Ser*. Sobre a expressão "os seres e as coisas", frequente em *Art poétique*, Claudel não faz distinção entre os dois conceitos, pois tanto os *seres* como as *coisas* fazem parte da criação divina.

4. ANGERS, P., *Commentaire à l'Art poétique*, Paris, Mercure de France, 1949, 72.

5. CLAUDEL, P., *Art poétique*, 36.

equivocadamente que os fenômenos no universo só ocorriam com o seu consentimento.

A misteriosa solidariedade entre o homem e o universo é a fonte da sua comum existência. Em "Connaissance du temps", Claudel pensa a temporalidade a partir da relação entre o homem e o universo, entre o homem e os seres que o circundam. "Mas talvez, mais perto do que as estrelas e planetas, todas as coisas móveis e vivas que nos cercam nos deem sinais tão seguros e a explicação esparsa desse impulso interior que constitui nossa própria vida"[6]. O tratado sobre o conhecimento do tempo se dedica a descobrir os mecanismos e as articulações dos seres para conhecer as engrenagens que os unem e para "detectar a virtude geradora que os eleva, cada um prestando assistência aos outros a fim de compor o rosto do presente sempre novo"[7]. Assim, em certo sentido, este tratado pode ser comparado a uma *poética do universo*. O homem contempla o universo em toda a sua existência e complexidade singular e, portanto, a poética do universo está, sem interrupção, constantemente se fazendo.

Sobre o tema da *duração do tempo* – ao considerar o universo em constante movimento –, Claudel afirma que não é pouco considerar que "tudo o que acontece está situado especialmente na duração"[8]. Como tudo está situado na duração do tempo, então, podemos entender que a temporalidade claudeliana não faz distinção entre a duração do tempo presente na natureza e a duração do tempo presente na existência humana. O nascer ou o pôr do sol e a pulsação do coração humano, por exemplo, fazem parte do mesmo projeto de duração. Assim, pode-se compreender que o homem,

---

6. Ibid., 37-38.
7. Angers, P., *Commentaire à l'Art poétique*, 83.
8. Ibid., 37.

pouco a pouco, se mistura com a duração do tempo presente na natureza e assume, assim, em sua vida, o ritmo da própria natureza.

Estabelecido este contexto mais geral em que a noção de tempo se insere, passaremos à exposição do primeiro artigo presente em "Connaissance du temps".

1.2. Sobre a causa

Perguntamo-nos, desde logo, por que Paul Claudel dedica o primeiro artigo do seu tratado à noção de causa, uma vez que seu tema principal é a noção de tempo. No início do artigo, ele nos diz que "todo objeto que aparece diante dos nossos olhos e em nossa inteligência, a inquietação do espírito é de imediatamente colocá-lo em seu lugar, de inseri-lo no contínuo. A *causa* é essa junção que estamos tentando descobrir"[9]. Se a causa é a junção que reúne todos os seres na duração do tempo, precisamos compreender o caminho escolhido para sustentar esta tese.

Claudel começa anunciando que não pretende recorrer às quatro causas apresentadas por Aristóteles: material, eficiente, formal e final. Tendo renunciado às categorias aristotélicas de causalidade, mostra-nos que "pesquisar sobre cada entidade sustentada por um nome, a causa, é simplesmente considerar a *matéria* e o *meio*"[10]. Para isto, precisamos não só nos libertarmos da lógica formal – influenciada fortemente pelas quatro causas aristotélicas – presente no pensamento escolástico, mas também do determinismo cientificista do século XIX, presente no pensamento positivista. Tendo se

---

9. CLAUDEL, P., *Art poétique*, 38.
10. Ibid.

libertado destas duas correntes filosóficas, que buscam uma explicação mecanicista e determinista para o universo, Claudel propõe sua arte poética do universo. Segundo a interpretação do universo como arte poética,

> [...] a causa nunca é uma. A série de abstrações nos reduz às ideias primeiras do movimento e da massa, do motor e do móvel, ou mais grosseiramente, de uma influência externa sobre toda coisa dada manifestada por um movimento local. É esse binômio de um sujeito e de uma ação sobre o sujeito exercida de fora que constitui propriamente a causa[11].

A causa consiste na organização entre duas coisas que podem ser infinitamente variáveis nos seus modos. Ao sustentar esta definição de causa, Paul Claudel se afasta definitivamente do pensamento determinista – que compreende o universo como uma série de causa e efeito – para estabelecer o campo indefinido e aberto das combinações possíveis dos seres. Esta variedade de combinações possíveis do binômio sujeito-meio nos mostra que "o caráter do sujeito é de ter um valor, um 'poder' mais geral do que aquele do efeito que dele se extrai pela aplicação do meio"[12]. Se o sujeito não implica o meio, qual é, portanto, o processo de junção entre ambos? Ele nos diz que "o silogismo é o processo pelo qual nós reconhecemos as coisas e nos reconhecemos a nós mesmos entre elas"[13]. Mas, de qual silogismo ele nos fala?

Claudel não contesta a legitimidade do silogismo, mas "constata que a natureza não procede por silogismo em sua forma de aglomerar os termos, e que se deve evitar con-

---

11. Ibid., 39.
12. Ibid.
13. Ibid., 41.

fundir certos recursos de conhecimento e os processos da natureza"[14]. O limite deste silogismo – chamado de *lógica antiga* – está no plano da abstração. Claudel recusa a abstração e defende que a investigação deve permanecer sobre o plano da realidade singular, complexa e entrelaçada. Como a maneira de proceder do espírito não é a mesma da natureza, ele propõe uma *nova lógica*, fundada na percepção da realidade singular, complexa e entrelaçada.

A *nova lógica* claudeliana busca descrever poeticamente o universo conhecido. O homem, nesta *nova lógica*, tem a tarefa de nomear as coisas existentes para distingui-las. No entanto, Claudel nos adverte, "nós não somos mestres dos fenômenos; mas é nosso poder e direito dar-lhes nomes e estipular as condições sob as quais esses nomes lhes serão aplicados"[15]. Sabendo que temos o poder e o direto de nomear as coisas existentes para distingui-las, precisamos entender que esta distinção entre as coisas nomeadas se torna um princípio de unidade. Este princípio de unidade é chamado de *différence-mère*. Ele significa que "nenhuma coisa é completa por si só e só pode ser completada pelo que lhe falta. Mas aquilo que falta em cada coisa particular é infinito"[16]. Todas as coisas são incompletas e por este motivo elas pedem um complemento infinitamente variado em seus modos e em suas formas. Desse modo, o princípio de *diferença-mãe* não só garante a singularidade das coisas, mas também se torna a fonte da unidade entre elas.

A unidade entre as coisas é orgânica e o corpo humano serve de ilustração aos infinitos modos e formas de relação

---

14. ANGERS, P., *Commentaire à l'Art poétique*, 104.
15. CLAUDEL, P., *Art poétique*, 42.
16. Ibid., 42-43.

que reúnem os seres que se atraem mutuamente, formando, assim, um conjunto. Claudel apresenta um exemplo:

> Quando descrevemos ao nosso interlocutor tal pessoa que encontramos, para fazê-lo reconhecê-la, nós nos servimos de uma sucessão de características, cada uma das quais é geral, mas o conjunto só pode se referir ao *cujus*: um homem baixo, moreno, a barba, as roupas etc. Mas, para aperfeiçoar nossa noção de um corpo ou de um ser vivo, sua ação usual, seus costumes e suas propriedades, sua conexão com o exterior, não são traços menos orgânicos, não se forem usados como materiais de conhecimento, um valor menos fixo do que sua constituição intrínseca. O fato, apenas, é oferecido aos nossos olhos assim como ao nosso espírito[17].

Segundo o exemplo, as características gerais, quando descritas isoladamente, não são suficientes para conhecer os fatos que aparecem aos olhos e ao espírito, pois "vemos por inteiro diante de nós o conjunto das causas e dos efeitos"[18]. Sabendo que o conhecimento só é possível na unidade, podemos perguntar como as coisas e os seres se organizam para formar esta unidade. Claudel nos diz que "os seres e as coisas, e as diferentes combinações que, chamadas de fenômenos, fatos, eventos, se estabelecem entre eles no tempo"[19]. Para ele, a relação entre os seres e as coisas no tempo é marcada pela duração. Esta perspectiva cíclica do tempo, em que *nihil ex nihilo*, é comparada, em "Connaissance du temps", com o ritmo das estações do ano, das horas do dia e dos ofícios monásticos. Os seres e as coisas obedecem, a cada momento da duração,

---

17. Ibid., 43.
18. Ibid.
19. Ibid., 43-44.

ao mandamento de permanecer no interior do tempo em estado inesgotável. É neste sentido que a existência inesgotável e simultânea dos seres e das coisas unidos na mesma inspiração criadora orienta toda a poética claudeliana.

Provavelmente tenhamos, agora, mais elementos para responder à pergunta colocada no início: se o tema principal do tratado é a noção de tempo, porque começar a exposição com a noção de causa? Começando pelo título do tratado, em "Connaissance du temps", Claudel não busca simplesmente apresentar uma concepção de tempo, mas também como conhecemos o tempo. É por esta razão que parte da concepção de uma *nova lógica* – fundada na descrição poética do universo – para nos mostrar que "as coisas não são como as peças de uma máquina, mas como os elementos em trabalho inesgotável de um desenho sempre novo"[20]. Ora, na concepção claudeliana, o *desenho sempre novo* e que nunca envelhece é o tempo. Se conhecemos as coisas e nos conhecemos nelas, sabendo que todas as coisas estão no tempo, inferimos que conhecemos as coisas e nos reconhecemos nelas no tempo. Por fim, ele nos diz que "o homem conhece o mundo não por aquilo que ele lhe esconde, mas por aquilo que ele lhe acrescenta: ele mesmo"[21].

1.3. Sobre o tempo

A exposição sobre o tempo se inicia com a retomada da tese central do artigo anterior, reafirmando que as coisas e os seres estão em relação de complementaridade no interior do tempo. No entanto, "não basta aprendermos o conjunto, a

---

20. Ibid., 45.
21. Ibid.

figura composta em seus traços, devemos julgar os desdobramentos que ela implica, como o botão da rosa, captar a intenção e o propósito, a direção e o sentido. O tempo é o *sentido da vida*"[22]. Fala-se do sentido "como se fala do sentido de um córrego, do sentido de uma frase, do sentido de um tecido, do sentido do olfato"[23]. Ao pensar assim o tempo, Claudel indica que no interior das variações do universo existe um sentido que garante a continuidade dos seres.

No que se refere às variações do universo, observamos que no mundo, em estado de constante transformação, a todo instante os motivos se alteram e as coisas passam. Este movimento do universo é o tempo. Por isto, para considerar o tempo, é preciso considerar o conceito de movimento e com ele, o de peso. Sobre o movimento temos o seguinte exemplo:

> Como a mão de quem escreve vai de um lado ao outro do papel, fazendo nascer em seu movimento uniforme um milhão de palavras diferentes que se prestam uma a outra força e cor, de maneira que a massa inteira sinta em seus equilíbrios fluídos cada contribuição feita pela pluma em movimento, há no céu um movimento puro do qual o detalhe terrestre é a transcrição inumerável. Um corpo não pode estar em dois pontos diferentes ao mesmo tempo; ele deve, portanto, se encontrar sucessivamente, que ele cesse de *estar* lá para *estar* aqui. Por que esse deslocamento e o que significam estas palavras *aqui* e *ali*? Em outro lugar, a presença de um outro corpo que o controla. Uma única posição não esgota as relações de um ao outro que nascem de sua diferença. Do simples fato que pelo espaço dois corpos existem diferentes, nasce o movimento, que é o estudo próprio a cada um na sua comparação com

---

22. Ibid., 48.
23. Ibid.

o outro. Qual é a conexão entre esses corpos? O que é esse movimento? Quem o bate? Onde a mola e o regulador? Eu digo que todo o universo é apenas uma máquina que marca o tempo[24].

O exemplo da mão expressa a multiplicidade e a unidade do universo em movimento. Se por um lado nós temos a multiplicidade de móveis em movimento, por outro temos a unidade dos seres que compõem um único movimento: a duração universal. Posto que o movimento é múltiplo e único, Claudel se pergunta então sobre a sua origem. De início podemos considerar o movimento de acordo com a sua ação de vai e vem, que permite a um corpo se deslocar do seu ponto de origem para um outro. A permanência do corpo neste novo ponto ocupado não pode ser interrompida, a não ser que uma força externa faça com que o corpo abandone a sua posição. "Mas do trajeto que ele segue resulta o sentido de uma direção natural, ou peso, e a propensão para refazer seu curso. E tal é a origem do movimento, no céu e nos relógios, tal é a pulsação inicial"[25].

A metáfora do relógio usada para descrever o universo não é original, contudo, a preocupação em investigar o seu funcionamento detalhadamente pode ser considerada inédita. O universo não se reduz a uma máquina que marca o tempo, mas, assim como o relógio, ele produz o tempo. O funcionamento do relógio acontece pelo movimento de "rotação por um corpo único, translação em torno de um pivô por um sistema composto"[26]. O movimento giratório dos ponteiros do relógio em torno de um eixo é comparado ao

---

24. Ibid., 48-49.
25. Ibid., 50.
26. Ibid.

movimento do universo, que provém de um impulso inicial sempre repetido.

Além de sabermos que o movimento é a variação em relação a um ponto fixo, Claudel nos diz que a direção designa o peso de um corpo. O peso de um corpo é definido pelo

> *sentido do sentido*; para os planetas, por exemplo, ele é a confissão de seu centro vital. No trabalho que o impulsiona através da extensão, o sol tem que superar com o seu próprio peso a oposição dos planetas que o apertam e o elevam, unidos com ele em sua resistência[27].

Assim, o peso é uma qualidade dos corpos que designa o caráter íntimo do sentido.

Se o peso é a natureza mais íntima do sentido, ou o *sentido do sentido*, o movimento não pode ser compreendido como uma simples modificação superficial que afeta o ser. Sabendo que o movimento é o abandono do lugar primeiramente ocupado e o afastamento imposto por uma força exterior maior, Claudel acrescenta que "a origem do movimento está neste tremor que agarra a matéria em contato com uma realidade diferente: o Espírito. Ele é a expansão de um punhado de estrelas no espaço; e a fonte do tempo"[28]. Por "matéria" e "Espírito", compreende a criatura em "contato" com o Criador, que é a "fonte do tempo". De um lado, temos o Criador, o Ser por excelência, completo e imutável e, do outro, temos o ser criado, móvel e passageiro. O Criador é Presente e a criatura "para se perpetuar na duração deve nascer constantemente à existência e repetir a presença. Afinal,

---
27. Ibid., 51.
28. Ibid.

o movimento deve ser entendido como uma qualidade própria da existência da criatura"[29]. Ao mesmo tempo que o movimento acentua a diferença entre o Criador e a criatura, ele coloca em "contato" a criatura com o Criador, manifestando, assim, a relação de dependência da criatura para com o seu Criador. Desta relação se conclui que o movimento da criatura não é definido por seu ponto de chegada, mas por seu ponto de origem, que é o Criador.

Se o movimento nasce da ação contínua do Criador sobre a criatura e se o movimento e o tempo são expressões idênticas do mesmo fato, entenderemos como o mundo em movimento compõe a "máquina cronométrica". Nas últimas páginas deste segundo artigo, Claudel nos descreve a "existência concreta" do tempo – sua "duração absoluta" e seu "escoamento uniforme" –, seja na sua "textura material", na sua "passagem" ou no seu "ritmo". Os nossos dias são marcados pelos movimentos do globo que sucessivamente nos conferem luz e sombra. "A cor do céu e do campo, o toque do sol aos meus pés, a flor que se abre e se esconde, a atitude e a nuance da vegetação, a atividade dos homens e dos animais, tudo isso junto com um certo ar comum preenche as divisões mais sutis do tempo puro que pulsa em nosso bolso"[30]. Cada fato – a posição dos planetas, as estações, o ritmo do vento, o canto dos pássaros – "conserva o *tempo*" e esses fatos, a cada dia da nossa existência, nos lembram "onde estamos". Se o tempo é o modo de existência das coisas que passam, por conseguinte, em cada hora estão contidas todas as horas ao

---

29. Angers, P. *Commentaire à l'Art poétique*, 130. Claudel faz uso da palavra "Presente", com maiúscula, para elucidar a eternidade do Criador. De acordo com Angers, esta ideia invocada por Claudel é inspirada pelas posições de Tomás de Aquino.

30. Claudel, P., *Art poétique*, 52.

mesmo tempo, e em cada estação estão contidas todas as estações juntas para que os seres e as coisas não cessem de existir. Assim, todas as horas e todas as estações, em um dado instante da duração, são solidárias e formam a "hora total".

A "hora total, criadora, realiza uma obra"[31], pois o mundo deve continuar a existir (*creatio continua*). É neste sentido que não podemos afirmar que o tempo seja simplesmente o "recomeço perpétuo do dia", mas o "trabalhador" que faz com que o mundo seja sempre novo.

1.4. Sobre a hora

A hora "soa e eu ressoo". Entre o homem e o universo existe uma duração comum que conduz o progresso conjunto de um e de outro. A existência humana está profundamente unida à existência do universo. "Eu sou, diz o homem, mas o quê? Eu estou, mas onde? Que horas são, dentro e fora de mim, dependendo se eu me fecho ou me abro? Eu ouço meu coração em mim e o relógio no centro da casa"[32]. A analogia coração-pêndulo, recorrente aqui, nos mostra que o homem, permanecendo unido ao universo, carrega em si uma duração própria que se distingue da duração do universo. O batimento do coração garante a manutenção da vida e atua como um cronômetro interior cujas pulsações medem e registram a idade humana. Quer o homem durma, quer vigie, o seu coração continua batendo, trabalhando, regendo o ritmo da respiração.

O ritmo respiratório – regido pelo batimento do coração e pelo movimento de inspiração e expiração – é o primeiro

---
31. Ibid., 53.
32. Ibid., 55.

elemento vital portador da vida "do corpo e da alma". Ele é anterior à palavra, pois as palavras são moldadas com o ar vital que a respiração restaura. O ritmo respiratório, com a existência da palavra ou não, sempre continua, pois o homem, ao inspirar, atrai o universo para dentro de si, e, ao expirar, restitui algo de sua substância ao universo. Desse modo, a imagem da respiração e do batimento do coração é a simples tradução desta pulsação que não cessa de contar o tempo no nosso peito, de manifestar "a hora que indicamos e que somos".

A hora, por sua vez, marca a posição comum das coisas e dos seres na duração – como os dias, os meses e os anos –, com um recomeço no final do ciclo, que, por sua vez, não significa apenas uma simples repetição dos mesmos dias, meses e anos. A ideia de uma descontinuidade temporal, de uma ruptura do tempo em dias, meses e anos é superada pela noção de "hora total".

Sob o ritmo dos dias e das estações existe uma "hora total" que não só garante o recomeço, mas a continuidade, a "duração absoluta" das coisas e dos seres no universo. No entanto, dentro dessa "duração absoluta" a vida humana é a única que "recebeu em depósito de uma vez por todas o princípio de seu começo e de seu fim"[33]. Isto significa que o homem, diferentemente da "matéria bruta" e do animal, que fazem parte do ciclo cósmico mas que surgem e desaparecem ao longo dos anos, possui uma duração autônoma, não se deixando absorver pelo movimento universal. "Ele sente em si, possui em si o próprio movimento cujos horizontes sucessivos, que se ampliam ao seu redor, são os correspondentes circunferentes"[34].

---

33. Ibid., 56.
34. Ibid., 56-57.

Embora exista uma profunda solidariedade entre o homem e o universo, entre o batimento do coração humano e a "lua sob os crisântemos", a vida humana não depende do movimento dos astros. Na perspectiva claudeliana, não são mais os astros que regem o destino, mas o homem, criatura soberana do universo, que carrega em si a capacidade de conhecer os segredos do ritmo universal. A vegetação, os animais, a sucessão dos dias só existem para fornecer ao homem os recursos de vida e conhecimento. O homem é consciente do seu lugar e da sua tarefa na criação, pois, "eu sei que fui feito para medir esta porção da duração. Abaixo das coisas que acontecem, eu sou consciente desta parte confiada ao meu personagem da intenção total"[35]. Não podemos esquecer, portanto, que esta posição que define a vocação de cada homem demanda uma ação responsável para com o universo. Ao final deste terceiro e último artigo, percebemos que o objetivo é determinar a natureza de nossa duração pessoal, sua função e sua relação com o tempo universal.

1.5. Síntese conclusiva

A síntese conclusiva que Claudel oferece em "Connaissance du temps" busca apresentar uma nova arte poética, uma *nova lógica*. Esta *nova lógica*, que se manifesta diante dos nossos olhos através da natureza, tem "a metáfora, a palavra nova, a operação que resulta unicamente da existência conjunta e simultânea de duas coisas diferentes"[36]. Diferentemente da lógica aristotélica, que abstrai, define e isola para melhor nomear, a lógica da natureza reúne simultaneamente

---

35. Ibid., 57.
36. Ibid., 57-58.

todos os seres. As nossas obras também devem seguir a lógica da natureza.

Na arte de criar (*poiesis*), o espírito deve adotar uma atitude de atenção e de silencioso recolhimento para perceber como a natureza trabalha. Ao adotar esta atitude, o poeta pode perceber o nascimento dos seres que estão em infinita relação com todos os outros. Nenhum ser nasce só, como apresenta o "Traité de la co-naissance au monde et de soi-même", mas os seres conascem no espaço e na duração. É neste sentido que a arte poética de Claudel também apresenta o nascimento de seres que estão justapostos, em "um drama infinitamente complexo com atores misturados, que a própria ação introduz ou desperta" e nesta *commedia dell'arte* "cada coisa, cada ser tem seu nome próprio, seu peso específico no meio em que está imerso, seu valor total como sinal do momento em que a ação ocorre"[37]. É sob a perspectiva da totalidade e da simultaneidade que ele concebe a noção de tempo. A batalha de Waterloo, o confronto entre Wellington e Blücher, por ele apresentado, exemplificam esta concepção da totalidade e da simultaneidade. "Eu vejo Waterloo; e lá no oceano Índico, vejo ao mesmo tempo um pescador de pérolas cuja cabeça rompe de repente a água perto de seu catamarã. E também há uma conexão entre esses dois fatos. Ambos escrevem a mesma hora, ambos são ornamentos ordenados pelo mesmo desenho"[38].

Sendo o tempo totalidade, entendemos que possuímos o presente na sua totalidade, porque "os elementos da totalidade só podem se comunicar no instante atual. [...] Mas a existência humana, sujeita à sucessão, nunca pode possuir o

---
37. Ibid., 59.
38. Ibid.

presente senão em imagem: precisamente a da eternidade"[39].
Mas, afinal, o que é este *sentido* da vida que nós chamamos de tempo? "Todo movimento, já dissemos, é de um ponto, e não *para* um ponto. É dele que parte o vestígio. É a ele que se liga toda a vida desenvolvida pelo tempo. [...] O tempo é o meio oferecido a tudo que tem de ser a fim de não ser mais"[40].

Claudel considera o mundo como um poema, uma composição unificada provida de *sentido*, de modo que para conhecer o *sentido* do mundo é preciso contemplar criticamente a natureza a fim de extrair os seus segredos mais profundos. Cada homem, ao contemplar criticamente a natureza, comporta em si o mundo, cria laços com os seres para compor o mesmo instante e existir simultaneamente na criação.

Para concluir, esta nossa exposição sobre a concepção poética da temporalidade nos oferece elementos para compreender melhor a importância do tratado "Connaissance du temps" para o projeto filosófico de Merleau-Ponty. O próximo passo da nossa investigação consiste em apresentar a concepção merleau-pontyana de temporalidade presente em *Fenomenologia da percepção*.

2. Merleau-Ponty: uma interpretação fenomenológica da temporalidade

2.1. Contextualização geral

Na terceira parte de *Fenomenologia da percepção*, após desenvolver amplamente as noções de corpo e de mundo

---

39. VACHON, A., *Le temps et l'espace dans l'oeuvre de Paul Claudel*, Paris, du Seuil, 1965, 247.
40. CLAUDEL, P., *Art poétique*, 61.

percebido nos dois momentos precedentes, Merleau-Ponty expõe o conceito de temporalidade. Inserido na parte da obra que aborda as noções de ser-para-si e ser-no-mundo, esse capítulo não só nos permite ter acesso ao sentido do tempo, mas também nos abre a uma compreensão do existir e da liberdade. O pensamento merleau-pontyano, neste momento, continua marcado pela refutação de uma filosofia dual, que busca separar alma e corpo, consciência e mundo, sujeito e objeto. Desta maneira, entende que o empirismo e o intelectualismo são insuficientes para compreender a percepção.

Nesta obra, portanto, o filósofo busca apresentar a unidade do mundo da vida (*Lebenswelt*). Ao partir da noção de tempo para expor um novo aspecto do sujeito, Merleau-Ponty reconhece que existe "uma relação muito mais íntima entre o tempo e a subjetividade"[41]. Esta íntima relação faz com que o tempo e o sujeito se "comuniquem do interior". Assim, é por "uma necessidade interior" que o sujeito é temporal, e uma vez que sujeito e tempo se comunicam por dentro, eles não só passam a ser compreendidos um pelo outro, mas também um no outro.

Não obstante defenda a ideia do tempo subjetivo, Merleau-Ponty parte da ideia de um tempo objetivado porque o sujeito, em sua "pura forma", é incapaz de nos dar o tempo. Em seguida, faz ver que a relação entre o sujeito e o tempo não acontece de maneira que um seja dominante e o outro subordinado, mas que ambos se relacionam de forma concêntrica. Não basta simplesmente "tirar as consequências de uma concepção preestabelecida da subjetividade", mas é preciso "ter acesso, através do tempo, à sua estrutura concreta". É seguindo a "dialética interna" do tempo, partindo

---

41. MERLEAU-PONTY, M., *Fenomenologia da percepção*, 549.

do tempo objetivo, "que seremos conduzidos a refazer nossa ideia de sujeito"[42].

O caminho proposto por Merleau-Ponty, passando pela análise do tempo-objeto e do tempo-sujeito, conduz à unidade do mundo, ao *Logos* fundamental que legitima as descrições do *Lebenswelt*. Nossa apresentação toma este mesmo caminho.

2.2. Sobre o tempo-objeto

A reflexão sobre a temporalidade, partindo da ideia de um tempo objetivado, começa com uma metáfora clássica presente na História da Filosofia. O tempo, segundo a metáfora de Heráclito de Éfeso, é como um rio que

> [...] passa ou se escoa. Fala-se do curso do tempo. A água que vejo passar preparou-se, há alguns dias, nas montanhas, quando a geleira derreteu; no presente ela está diante de mim, ela vai em direção ao mar onde se lançará. Se o tempo é semelhante a um rio, ele escoa do passado em direção ao presente e ao futuro. O presente é a consequência do passado, e o futuro a consequência do presente. Essa célebre metáfora é na realidade muito confusa[43].

Esta imagem do tempo como um rio se torna fonte de equívocos porque não considera o sujeito, levando em conta, simplesmente, o tempo "em si mesmo". Quando se diz que "anteontem a geleira produziu a água que passa presentemente, eu subentendo um testemunho sujeito a um certo

---
42. Ibid., 550.
43. Ibid.

lugar no mundo"⁴⁴. O tempo necessita de um "testemunho sujeito" para se mostrar em toda a sua dimensão. O sujeito "assistiu ali à fusão das neves e seguiu a água em sua queda, ou então, da margem do rio, ele vê passar, depois de dois dias de espera, os pedaços de madeira que havia jogado na nascente"⁴⁵. Sem o "observador finito" não pode haver nem mudança nem tempo. Para que possa haver mudança, é preciso que este "observador finito" esteja em um determinado ponto em que possa ver as coisas passarem. O episódio do rio que passa ou se escoa só pode acontecer se estiver presente para alguém, porque "o tempo supõe uma visão sobre o tempo"⁴⁶. É por esta razão que o tempo não pode prestar-se à metáfora do rio. Para Merleau-Ponty, Heráclito faz do próprio rio a testemunha do seu curso, isto é, faz do próprio rio o sujeito.

A noção de tempo em Merleau-Ponty, antes de mais nada, nos coloca o problema do não ser e do ser, da passagem de um para o outro e nesta passagem o não ser e o ser continuam sendo preservados um no outro. Uma vez que o tempo "nasce de minha relação com as coisas", é nas próprias coisas que "o porvir e o passado estão em uma espécie de preexistência e de sobrevivência eternas"⁴⁷. Este problema fundamental do tempo acerca do não ser e do ser aparece em vários momentos da História da Filosofia⁴⁸. Merleau-Ponty lembra que "frequentemente se diz que, nas próprias

---

44. Ibid.
45. Ibid., 550-551.
46. Ibid., 551.
47. Ibid.
48. Merleau-Ponty remete-se, por exemplo, aos pensamentos de Santo Agostinho, Husserl e Heidegger. Nos limites de nossa pesquisa, não desenvolveremos as remissões a estes pensadores.

coisas, o porvir ainda não é, o passado não é mais, e o presente, rigorosamente, é apenas um limite, de forma que o tempo desmorona"[49].

Merleau-Ponty entende que o passado e o porvir, "por si mesmos, retiram-se do ser e passam para o lado da subjetividade para procurar nela não algum suporte real, mas, ao contrário, uma possibilidade de não ser que se harmonize com sua natureza"[50]. Do mesmo modo, chama a atenção para a separação entre o mundo objetivo e as perspectivas finitas. Caso aconteça esta separação, em todas as partes do mundo objetivo só encontraremos "agoras". Para que "esses agoras" se sucedam e possuam um caráter temporal, é preciso que estejam presentes para um "testemunho sujeito". Assim, Merleau-Ponty entende que a definição do tempo como "uma sucessão de agoras" comete equívocos não só por considerar o passado e o porvir como presentes, mas também por não compreender as noções de "agora" e de "sucessão". Para ele, "nada ganharíamos em transferir o tempo das coisas para nós, se renovássemos 'na consciência' o erro de defini-lo como uma sucessão de agoras"[51].

Se concebemos a memória como presença do passado, como passado conservado, o passado-presente se caracteriza como presença de uma ausência. Segundo Merleau-Ponty, a confusão entre a memória e o passado acontece quando se explica "a consciência do passado pelas recordações [...]", pois "nenhum 'traço' fisiológico ou psíquico do passado pode fazer compreender a consciência do passado"[52]. Para melhor entender esta afirmação, temos o seguinte exemplo:

---

49. MERLEAU-PONTY, M., *Fenomenologia da percepção*, 552.
50. Ibid.
51. Ibid., 552-553.
52. Ibid., 553.

[...] esta mesa traz traços de minha vida passada, inscrevi nela as minhas iniciais, nela fiz manchas de tinta. Mas por si mesmos estes traços não remetem ao passado: eles são presentes; e, se encontro ali signos de algum acontecimento "anterior", é porque tenho, por outras vias, o sentido do passado, é porque trago em mim essa significação[53].

A recordação da vida passada, a partir das iniciais e das manchas inscritas na mesa, não pode se apresentar, enquanto tal, como recordação do passado, porque a recordação é presente. É verdade que a recordação também pode se apresentar como recordação do passado, mas para que isto aconteça é preciso que seja compreendida dentro da significação do passado. Merleau-Ponty compreende que temos junto, ou mesmo anteriormente, ao ato da memória que conserva o passado, "por outras vias, o sentido do passado", que não pode ser entendido como simples conservação, mas, ao contrário, como capacidade de nos colocar, de certa maneira, em "contato direto com o passado em seu lugar"[54]. Do mesmo modo nos recorda que ao projetar o porvir à nossa frente, assim como temos o sentido do passado, é preciso que tenhamos, primeiramente, o sentido do porvir. A nossa consciência nem pode conservar o passado nem projetar o porvir, do contrário ela não seria consciência da temporalidade, estaria na eternidade. Segundo Merleau-Ponty, esta concepção do tempo continua sendo objetivista, porque só faz deslocar o problema do tempo das coisas para nós, ou seja, esta concepção procura o tempo em um sujeito reduzido ao estado de coisa.

Antes mesmo das suas partes, o tempo é pensado por nós e "as relações temporais tornam possíveis os acontecimentos

---

53. Ibid.
54. Ibid., 553, 554.

do tempo [...]", mas é preciso, "que o próprio sujeito não esteja ali situado, para que ele possa, em intenção, estar presente ao passado assim como ao porvir"[55]. Da mesma maneira não podemos continuar afirmando que o tempo é um "dado da consciência" e que esta mesma consciência se encontra encerrada no presente, mas, ao contrário, é a consciência que "desdobra ou constitui o tempo"[56]. Assim, enquanto participantes da sua constituição e do seu desdobramento infinitos, o tempo deixa de ser "um objeto do nosso saber [...]" para se tornar "uma dimensão do nosso ser"[57].

Como a consciência e o tempo mantêm uma relação de constituição e o tempo nunca está constituído nem a consciência é constituinte, precisamos entender como esta relação se sucede. O tempo é a abertura do meu ser. Merleau-Ponty entende que o tempo é abertura ao passado e ao porvir, ou ao sentido do passado e ao sentido do porvir. O tempo não é compreendido como intuições, mas como atos, nem como proveniente de um "Eu central", mas como uma modalidade do nosso ser. Para uma melhor compreensão destas afirmações acima descritas, temos o seguinte exemplo:

> É em meu "campo de presença" no sentido amplo – neste momento em que passo a trabalhar tendo, atrás dele, o horizonte da jornada transcorrida e, diante dele, o horizonte da tarde e da noite – que tomo contato com o tempo, que aprendo a conhecer o curso do tempo. [...] Essas três dimensões não nos são dadas por atos discretos: eu não me represento minha jornada, ela pesa sobre mim com todo o seu peso, ela ainda está ali, não evoco nenhum de seus detalhes, mas tenho o poder

---

55. Ibid., 555.
56. Ibid.
57. Ibid., 557.

próximo de fazê-lo. [...] Da mesma maneira, eu não penso na tarde que vai chegar e em sua consequência, e todavia ela "está ali", como o verso de uma casa da qual vejo a fachada, ou como o fundo sob a figura[58].

Caminhar em direção ao passado é reencontrá-lo "em pessoa". No entanto, precisamos elucidar que o reencontro "em pessoa" não é compreendido como uma reconstrução do passado, mas "que eu o alcanço em sua ecceidade recente e todavia já passada"[59]. A partir da concepção de retenção (*Abschattungen*), Merleau-Ponty entende que a consciência não produz o tempo e que também não reconstitui o passado em "síntese de identificação", como pode nos acontecer com uma recordação ou com um ato intelectual. Ele também entende que o tempo não pode ser pensado como instantes que se sucedem. O tempo é o único movimento, "uma rede de intencionalidades", e se dizemos que ele escoa, não é no sentido da passagem de um instante a outro, mas por um "só fenômeno de escoamento"[60]. Assim, afirmar que o tempo é um "único movimento que em todas as suas partes convém a si mesmo"[61] é abandonar a ideia do contínuo e do descontínuo para sustentar a ideia do tempo como *ek-stase*.

2.3. Sobre o tempo-sujeito

Merleau-Ponty defende uma concepção de tempo que se enraíza no presente, ou, ainda melhor, em que o transcendental se torna mundano. Por esta razão, recorre à noção

---

58. Ibid.
59. Ibid., 559.
60. Ibid., 561-562.
61. Ibid., 562.

heideggeriana de *ek-stase*. Esta concepção defende que o sujeito transcendental coincide com o sujeito mundano, isto é, que o ser transcendental coincide com o ser no mundo, pois o tempo só pode ser tempo se ele desce à experiência.

A noção de *ek-stase* aparece em Merleau-Ponty no singular, enquanto Heidegger a emprega no plural, falando de *ek-stases* temporais. A razão da divergência desta particularidade entre os dois filósofos acontece porque Merleau-Ponty refere-se ao caráter *ek-stático* da temporalidade. Ele busca compreender o tempo em sua unidade, isto é, a noção de *ekstase* passa a ser "a lei única desses movimentos centrífugos"[62] que garante a unidade do tempo. Embora Heidegger também afirme a unidade do tempo, diferentemente de Merleau-Ponty, ele a compreende como unidade dos ek-stases. Em *Ser e tempo*, Heidegger afirma que a "temporalização não significa 'sucessão' de *ekstases*. O porvir não *vem depois* do vigor de ter sido, e este não *vem antes* da atualidade. A temporalidade se temporaliza num porvir atualizante do vigor de ter sentido"[63].

Merleau-Ponty, em *Fenomenologia da percepção*, também cita este trecho heideggeriano para afirmar que não existe sucessão de *ek-stases*, mas que o tempo nasce de uma única temporalidade que se temporaliza em cada *ek-stase* de maneira total. A "origem do tempo objetivo, com suas localizações fixas sob o nosso olhar, não deve ser procurada em uma síntese eterna, mas no acordo e na recuperação do passado e do porvir através do presente, na própria passagem do tempo"[64]. Em outras palavras, afirma que existe uma recuperação dos momentos do tempo, um sobre o outro, e que a passagem de

---

62. Ibid.
63. HEIDEGGER, M., *Ser e tempo*, Petrópolis, RJ/Bragança Paulista, SP, Vozes/Editora Universitária São Francisco, 2015, 437.
64. MERLEAU-PONTY, M., *Fenomenologia da percepção*, 563.

um para o outro desses momentos, apreendidos em sua exterioridade, é apenas a manifestação exterior e a representação objetiva.

A unidade da temporalidade pode ser *ek-stática* sem se dissolver, porque está toda inteira em cada um de seus momentos. Assim sendo, "existe um só tempo que se confirma a si mesmo, que não pode trazer nada à existência sem já tê-lo fundado como presente e como passado por vir, e que se estabelece por um só movimento [...]", portanto, "o passado não *é* passado, nem o futuro *é* futuro. Eles só existem quando uma subjetividade vem romper a plenitude do ser em si, desenhar ali uma perspectiva, ali introduzir o não ser"[65]. Do mesmo modo, afirma que não é possível uma "síntese que, do exterior, reúna os *tempora* em um único tempo"[66], porque em cada *tempora*, na sua abertura, já havia comunicação interior com os demais *tempora*. Assim, sendo o tempo um único ser, ele não precisa de uma síntese externa para lhe configurar unidade.

A unidade temporal recusa o "testemunho sujeito" porque

a passagem do presente a um outro presente, eu não a penso, não sou seu espectador, eu a efetuo, eu já estou no presente que virá, assim como meu gesto já está em sua meta, eu mesmo sou o tempo, um tempo que "permanece" e não "se escoa" nem "muda"[67].

Sabendo que o tempo não é nem objetivo nem sujeito objetivado, *o que é* o tempo, ou, melhor ainda, *quem é* o tempo para Merleau-Ponty? Acerca do tempo, ele nos diz que

---

65. Ibid., 564.
66. Ibid.
67. Ibid.

[...] cada dimensão do tempo é tratada ou visada *como* outra coisa que não ela mesma – quer dizer, enfim, porque no âmago do tempo existe um olhar ou, como diz Heidegger, um *Augenblick*, *alguém* por quem a palavra *como* possa ter um sentido. Nós não dizemos que o tempo é para alguém: isso seria estendê-lo ou imobilizá-lo novamente. Dizemos que o tempo é alguém, quer dizer, que as dimensões temporais, enquanto se recobrem perpetuamente, se confirmam umas às outras, nunca fazem senão explicitar aquilo que estava implicado em cada uma, exprimem todas uma só dissolução ou um só ímpeto que é a própria subjetividade. É preciso compreender o tempo como sujeito e o sujeito como tempo[68].

O tempo se define à maneira da subjetividade. A unidade do tempo se torna compreensível quando colocamos no lugar do *como* um *alguém* que dá sentido ao tempo. Compreender o sujeito como tempo é, antes de tudo, conceber que "a consciência última é 'sem tempo' (*zeitlose*)", no "sentido em que ela não é intratemporal". Mas ao considerar uma consciência última, se pergunta Merleau-Ponty, não estamos retornando "a uma espécie de eternidade?"[69]. Se "eu mesmo sou o tempo", sendo o tempo *alguém*, por conseguinte eu não posso estar fora do tempo nem entendê-lo como sendo uma retirada.

O tempo passa, mas, para Merleau-Ponty, "o que não passa no tempo é a própria passagem do tempo. O tempo se recomeça: ontem, hoje, amanhã, esse ritmo cíclico, essa forma constante pode nos dar a ilusão de possuí-lo por inteiro de uma só vez"[70]. Mas esse "sentimento de eternidade", nos adverte, é ilusão, porque nos causa a impressão de possuir

---

68. Ibid., 565-566.
69. Ibid., 566.
70. Ibid., 567.

o tempo por inteiro. Esta ilusão de um "sentimento de eternidade" não pode ser completamente descartada, porque nela também existe um pouco de verdade, que é o do nosso enraizamento no presente. A necessidade de enraizar a eternidade, de trazer a eternidade para o tempo presente acontece porque "é vindo ao presente que um momento do tempo adquire a individualidade indelével [...]", dando-nos "a ilusão da eternidade"[71]. Assim, entendemos que "existe o tempo para mim porque tenho um presente"[72]. À vista disso, podemos dizer que a concepção merleau-pontyana do tempo privilegia o presente?

O presente, "no sentido amplo, com seus horizontes de passado e de porvir originários", tem, para Merleau-Ponty, um primado sobre as outras dimensões temporais, porque "ele é a zona em que o ser e a consciência coincidem"[73]. O fato do presente ser privilegiado em sua reflexão, não significa que "o sujeito esteja *encerrado* no presente, na intratemporalidade", porém o sujeito "*é acessível a partir do presente*", ou melhor, ele "*está situado no presente*"[74]. Quais são os desdobramentos desta afirmação? A consciência última, aquela que "apreende seu próprio ser", não pode ser um "sujeito eterno", porque "um tal sujeito seria definitivamente incapaz de decair no tempo e não teria nada de comum com nossa experiência – ela é a consciência do presente. No presente, na percepção, meu ser e minha consciência são um e o mesmo"[75]. Contudo, Merleau-Ponty não busca simplesmente afirmar que a subjeti-

---

71. Ibid., 568.
72. Ibid.
73. Ibid.
74. MOUTINHO, L. D. S., *Razão e experiência. Ensaio sobre Merleau-Ponty*, Rio de Janeiro, Unesp, 2006, 259.
75. MERLEAU-PONTY, M., *Fenomenologia da percepção*, 568-569.

vidade última esteja situada no presente, mas que este sujeito situado é um sujeito que se sabe.

O sujeito é ser no mundo e, igualmente, ser para si, pois "é comunicando-nos com o mundo que indubitavelmente nos comunicamos com nós mesmos. Nós temos o tempo por inteiro e estamos presentes a nós mesmos porque estamos presentes no mundo"[76]. Ao trazer para a reflexão a ideia de um sujeito que se sabe, de um sujeito que é ser para si, o problema do ser é recolocado, pois "ao falar de *ser*, e não apenas de consciência, é de *situação* que Merleau-Ponty procura dar conta, e não apenas de puras relações entre as dimensões temporais, não apenas de um puro para si"[77]. Quando nos diz que "ser e consciência se coincidem" ou quando dizemos que "temos consciência de", quer dizer que,

> no presente, isto é, em situação, já não afirmamos da consciência meras relações, um puro para si, mas dizemos finalmente que ela é como ser *no mundo*. Daí porque não fala apenas de ser, mas de *"ser em"*, [...] isto é, com o ser para fora de si, com o ser em[78].

O tempo é o sujeito que sabe de si e que está situado no mundo.

Dado que a consciência se manifesta a si mesma em experiências, o sujeito só é capaz de perceber a si mesmo no tempo. O sujeito, ele mesmo, é temporalidade, pois se não fosse temporalidade não compreenderíamos "como ele possa em algum caso confundir-se com seu rastro no sentido interno"[79].

---

76. Ibid., 569.
77. MOUTINHO, L. D. S., *Razão e experiência*, 260.
78. Ibid.
79. MERLEAU-PONTY, M., *Fenomenologia da percepção*, 570.

Em sua concepção acerca da temporalidade, Merleau-Ponty acrescenta que "o tempo é a 'afecção de si por si'"[80], isto é, o tempo é ao mesmo tempo passagem e série. Como passagem para "um porvir", compreende-se que o tempo se afeta, como série "dos presentes", o tempo é afetado. Assim, "o afetante e o afetado são um e o mesmo, porque o ímpeto do tempo é apenas a transição de um presente a um presente"[81].

Se o tempo é *ek-stase*, não é porque ele sai de si, mas porque "se constitui em si mesmo". O tempo é a própria subjetividade, porque é "manifestação de si mesmo" (*Selbsterscheinung*). Ele se coloca a si mesmo para além de si mesmo ou, com outras palavras, ele se temporaliza. Para perceber a *Selbsterscheinung*, já vimos que não é necessário "colocar, atrás desse fluxo, um outro fluxo para tomar consciência do primeiro"[82], porque ele se constituiu a si mesmo em sua manifestação. Contudo, é essencial que este tempo seja um "tempo que se sabe", ou seja, que não se esqueça a si mesmo – se isso acontece ele se torna sucessão de instantes exteriores –, mas que se conserve em si mesmo em cada presente, em cada "campo de presença".

O tempo é "relação de si a si e desenha uma interioridade ou uma ipseidade", isto é, ele é *alguém*, pois "é pela temporalidade que, sem contradição, pode haver ipseidade, sentido e razão"[83]. É possível observar esta noção comum de tempo quando "delimitamos fases ou etapas de nossa vida, por exemplo, [quando] consideramos como fazendo parte de nosso presente tudo o que tem uma relação de sentido com nossas ocupações do momento; portanto, reconhecemos

---

80. Ibid.
81. Ibid., 571.
82. Ibid.
83. Ibid.

implicitamente que tempo e sentido são um e o mesmo"[84]. Em seguida percebemos que o tempo "desenha uma interioridade", que não pode ser no sentido de um fechamento sobre si, mas, justamente ao contrário, no sentido de uma abertura, porque "para ser subjetividade, é-lhe essencial, assim como ao tempo, abrir-se a um Outro e sair de si"[85]. Por fim, Merleau-Ponty nos recorda que não precisamos nos representar "o sujeito como constituinte e a multiplicidade de suas experiências ou de seus *Erlebnisse* como constituído"[86], assim também como não precisamos tratar o Eu transcendental como sendo o sujeito e o eu empírico como sendo a sua sombra, porque "se a relação entre eles fosse esta, poderíamos retirar-nos no constituinte, e esta reflexão fenderia o tempo, ele seria sem lugar e sem data"[87].

Se as nossas reflexões mais puras aparecem retrospectivamente no tempo e se as nossas reflexões sobre o fluxo se inserem no próprio fluxo, é porque "a consciência mais exata da qual sejamos capazes encontra-se sempre como que afetada por si mesma ou dada a si mesma, e porque a palavra consciência não tem nenhum sentido fora dessa dualidade"[88].

Nós não somos os autores do tempo e não somos nós quem tomamos a iniciativa da temporalização, assim também como não escolhemos nascer, de tal forma que, uma vez nascidos, o tempo se funde atrás de nós. Mas o tempo também "não é um simples fato que eu padeço, nele posso encontrar um recurso contra ele mesmo, como acontece em uma decisão que me envolve ou em um ato de fixação

---

84. Ibid.
85. Ibid.
86. Ibid.
87. Ibid.
88. Ibid., 572.

conceptual"[89]. O tempo "me arranca aquilo que eu ia ser, mas ao mesmo tempo me dá o meio de apreender-me à distância e de realizar-me enquanto eu"[90].

A realização do sujeito é consequência das suas decisões. Como estamos centrados no presente, é dele que partem consequentemente as nossas decisões. Contudo, elas sempre são postas em relação com nosso passado e nunca são sem motivo e, mesmo que abram um novo ciclo em nossa vida, devem ser retomadas na sequência, porque "só nos salva da dispersão por certo tempo"[91]. Não podemos deduzir o tempo da espontaneidade, pois "nós não somos temporais *porque* somos espontâneos [...]", mas, ao contrário, "o tempo é o fundamento e a medida de nossa espontaneidade"[92]. Se temos "a potência de ir além" de nós mesmos, das nossas decisões, é porque "somos o surgimento do tempo"[93].

Para concluir, Merleau-Ponty considera o tempo-sujeito como a unidade do mundo da vida, porque ele é original e originário, constituinte e constituído. O tempo-sujeito, que se enraíza no presente e se temporaliza em cada *ek-stase*, percebe a si mesmo no tempo, visto que ele mesmo é temporalidade. Esta nossa exposição sobre a concepção de tempo presente em *Fenomenologia da percepção* nos fornece elementos que nos ajudam a compreender as possíveis relações entre o tratado "Connaissance du temps" e a reflexão merleau-pontyana. O próximo passo, portanto, consiste em apresentar estas possíveis relações entre Claudel e Merleau-Ponty.

---

89. Ibid.
90. Ibid.
91. Ibid., 573.
92. Ibid.
93. Ibid.

3. Entre poética e filosofia: possíveis relações acerca da temporalidade

Em *Fenomenologia da percepção*, Merleau-Ponty inicia o capítulo sobre a temporalidade com uma citação de Claudel: "O tempo é o *sentido* da vida"[94]. Claudel entende que no mundo em constante transformação existe um sentido no interior das variações cósmicas que garante a continuidade dos seres. Merleau-Ponty, por sua vez, está de acordo que "tempo e sentido são um e o mesmo", contudo, diferentemente da concepção cósmica claudeliana, compreende o sentido como a "coesão de uma vida". Ainda que exista diferença acerca do mesmo conceito, não podemos recusar que Merleau-Ponty se deixou seduzir pela concepção de tempo claudeliana presente em "Connaissance du temps". Desse modo, buscaremos tecer, sobre o tema da temporalidade, possíveis relações existentes entre Merleau-Ponty e Claudel. Para tal fim, passaremos por duas vias: a primeira, a fenomenológica, e a segunda, a ontológica. Na fenomenológica, continuaremos a abordar o conceito de tempo em *Fenomenologia da percepção*, já na ontológica trataremos deste conceito em *O visível e o invisível* e em *L'ontologie cartésienne et l'ontologie d'aujourd'hui*.

Em *Fenomenologia da percepção* encontramos, junto ao tema do sentido, outros temas acerca da temporalidade que unem Merleau-Ponty a Claudel. Todavia, delimitando o problema dentro do capítulo sobre a temporalidade, trataremos apenas de três temas que consideramos relevantes: o tempo presente, o recomeço e a totalidade.

Claudel inicia o tratado afirmando a centralidade do *presente* em sua reflexão sobre o tempo. Esta escolha acontece

---

94. CLAUDEL, P., *Art poétique*, 48; MERLEAU-PONTY, M., *Fenomenologia da Percepção*, 549.

porque ele acredita que apenas o presente tem existência real. Como as coisas existem no presente, o homem, existindo entre as coisas, torna-se a testemunha deste tempo sempre novo. Merleau-Ponty, do mesmo modo, compreende que o tempo está "enraizado no presente", pois acredita que o ser e a consciência coincidem no presente. Ora, isto não significa que o sujeito que se sabe esteja "encerrado" no presente, mas "situado" no presente. Entende que o sujeito em situação, existindo entre as coisas, não pode ser a testemunha ou o "espectador" do tempo, como compreende Claudel, porque o sujeito não só está no tempo, mas ele mesmo é temporalidade. Mesmo que exista divergência sobre o tema da testemunha do tempo, ambos constroem a noção de temporalidade sobre o alicerce do presente, que é o tempo sempre novo.

A poética do universo de Claudel nos apresenta uma concepção cíclica do tempo. Ela se inspira no movimento da natureza para afirmar que existe um *recomeço* perpétuo na criação, que não significa, porém, uma simples repetição das horas, dos dias e das estações. O recomeço é sempre novo. Neste recomeço sempre novo, a criatura, a fim de permanecer na duração, deve "nascer constantemente à existência". Merleau-Ponty, em *Fenomenologia da percepção*, também nos apresenta um tempo cíclico, que está sempre recomeçando e que nunca envelhece. O recomeço sempre novo do mundo só é possível porque o tempo está "enraizado no presente" e se temporaliza em cada *ek-stase* em sua totalidade.

A *totalidade* do tempo, em "Connaissance du temps", aparece na noção de "hora total". Claudel entende que a "hora total" garante o recomeço e a "duração absoluta" das coisas e dos seres na criação, pois em cada hora, em cada dia e em cada mês estão contidos todos os outros. Se o tempo é presente e totalidade, podemos ter a impressão de possuir o presente na sua totalidade, mas o homem, na sua existência, só pode possuir a totalidade do presente em "imagem", que é "precisamente a da eternidade". Merleau-Ponty confirma a perspectiva claudeliana de que "existe um só tempo que se confirma a si mesmo" e que se estabelece por um só movimento. Do mesmo modo entende que o tempo passa e permanece, pois "o que não passa no tempo é a própria passagem do tempo". O movimento cíclico do tempo, este "perpétuo recomeço", pode nos dar a ilusão de possuir o tempo por inteiro, um "sentimento de eternidade". Para Merleau-Ponty, portanto, este sentimento não deve ser inteiramente desconsiderado porque "é vindo ao presente que um momento do tempo adquire a individualidade indelével", isto é, o "de uma vez por todas" que lhe permitirá atravessar o tempo e nos dará a "ilusão da eternidade".

Passemos agora da via fenomenológica para a ontológica. Em *O visível e o invisível*, Merleau-Ponty retoma o tema da temporalidade sob a perspectiva ontológica. Percebe a necessidade de passar de uma ideia do tempo como sujeito para uma ontologia do tempo. No entanto, a realização deste projeto em *O visível e o invisível* não significa uma ruptura com *Fenomenologia da percepção*, mas sim um aprofundamento, ou melhor, uma radicalização. A radicalização do seu pensamento está na busca por compreender o "tempo como quiasma"[95].

Partindo da interrogação sobre o privilégio do presente em *Fenomenologia da percepção*, entende que pensar um tempo que se *constitua* – seja sempre visto do ponto de vista de alguém que *está nele*", pareceria contraditório, contudo "a contradição só será suprimida se também o novo presente for um transcendente"[96]. Em uma nota de trabalho sobre o tema da

---

95. Merleau-Ponty, M., *O visível e o invisível*, 240.
96. Ibid., 177.

Natureza, Merleau-Ponty, retomando a ideia claudeliana do "recomeço sempre novo", nos diz que

> "a natureza está na sua alvorada". [...] Trata-se de encontrar, no presente, a carne do mundo (e não no passado) um "sempre novo" e "sempre o mesmo". [...] O sensível, a Natureza, transcendem a distinção entre passado e presente, realizam uma passagem por dentro de um ao outro Eternidade Existencial[97].

Este "novo presente", este tempo ontológico, entendido como quiasma, é um "sistema de equivalências", que não necessita de "continuidade" ou "conservação" na passagem de um ponto para o outro. No tempo ontológico não existe sucessão, mas simultaneidade, no sentido da "coexistência". Desse modo, a simultaneidade dos momentos do tempo não significa uma presença do passado no presente, mais uma "copresença" do passado e do presente.

Merleau-Ponty recorre à noção de simultaneidade presente em *Art poétique*. Contudo, em seus últimos trabalhos, sobretudo em seus inéditos tardios, esta noção claudeliana assume uma significação carnal. A reflexão ontológica ou carnal entende "o ser não estando mais *diante de mim*, mas envolvendo-me e, em certo sentido, me atravessando"[98]. O tempo e o espaço, do mesmo modo, não estão *diante* do sujeito, mas

> [...] aquele que os apreende sente-se emergir deles por uma espécie de enrolamento ou redobramento, profundamente homogêneo em relação a eles, sendo o próprio sensível vindo

---

97. Ibid., 239-240.
98. Ibid., 113.

a si e, em compensação, o sensível está perante seus olhos como seu duplo ou extensão de sua carne. O espaço, o tempo das coisas são farrapos dele próprio, de sua espacialização, de sua temporalização, não mais uma multiplicidade de indivíduos distribuídos sincrônica e diacronicamente, mas um relevo do simultâneo e do sucessivo, polpa espacial e temporal onde os indivíduos se formam por diferenciação. As coisas, aqui, ali, agora, então, não existem mais em si, em seu lugar, em seu tempo, só existem no término destes raios de espacialidade e temporalidade, emitidos no segredo da minha carne, e sua solidez não é a de um objeto puro que o espírito sobrevoa, mas é experimentada por mim do interior enquanto estou entre elas, e elas se comunicam por meu intermédio como coisa que sente[99].

Se o tempo e o espaço são "um relevo do simultâneo", logo "não há um ponto do espaço e do tempo que não se relacione com os outros, que não seja uma variante dos outros assim como estes o são dele"[100]. O tema da simultaneidade do espaço e do tempo, antes de ser uma afirmação, é uma interrogação. A noção claudeliana de simultaneidade, em *O visível e o invisível*, situa-se no tema da interrogação filosófica, mais precisamente na sessão sobre a interrogação e a intuição. Merleau-Ponty, retomando a célebre metáfora que inicia o tratado "Connaissance du temps", entende que o homem – ao reconhecer a sua posição, ao olhar as horas e em seguida se interrogar: *Onde estou?*, *Que horas são?* – não se interroga sobre o espaço e o tempo, mas, em uma perspectiva fenomenológica-ontológica, interroga-se sobre o espaço e o tempo que "nós somos". As perguntas *Onde estou? Que horas são?*,

---

99. Ibid.
100. Ibid., 114.

segundo Claudel, constituem a "questão inesgotável" que propomos ao mundo. Merleau-Ponty entende que esta questão é

> inesgotável porque a hora e o lugar mudam sem cessar, mas sobretudo porque a questão que surge não se resume, no fundo, em perguntar em que lugar do espaço tomado como um dado, em que hora do tempo tomado como um dado estamos, mas primeiramente qual é o vínculo indestrutível que nos liga às horas e aos lugares, este soerguimento perpétuo sobre as coisas, instalação contínua entre elas pela qual, antes de tudo, é preciso que esteja num tempo e num lugar, quaisquer que sejam estes[101].

A postura interrogativa, a pergunta pelo "vínculo indestrutível" tem em vista o ser, uma vez que a "absoluta certeza", contrariamente, distancia do ser. "A interrogação não é tanto uma dúvida, mas o exame de nossas ligações, em ambos os sentidos do verbo 'experimentar' – sentir e colocar à prova"[102]. Para Claudel, do mesmo modo, "o poeta é aquele que interroga o ser em sua totalidade, uma totalidade na qual é ele que interroga sua pertinência ao ser"[103]. Assim, Merleau-Ponty, passando pela interrogação filosófica em vista do ser, busca explicitar "a coesão do tempo, a do espaço, a do espaço e do tempo, a 'simultaneidade' de suas partes (simultaneidade literal no espaço, simultaneidade, no sentido figurado, no tempo), e o entrelaçamento do espaço e do tempo"[104].

---

101. Ibid., 119.
102. SAINT AUBERT, E., Espaço-temporalidade do ser carnal, in: CAMINHA, I. O.; NÓBREGA, T. P. (Org.), *Compêndio Merleau-Ponty*, São Paulo, LiberArs, 2016, 246.
103. Ibid., 246.
104. MERLEAU-PONTY, M., *O visível e o invisível*, 116.

Em *L'ontologie cartésienne et l'ontologie d'aujourd'hui*, sobretudo nas lições sobre Claudel, Merleau-Ponty continua a trabalhar as noções de tempo e espaço sob a perspectiva da simultaneidade. Não se trata de descrever nestas lições uma "conexão", uma "composição" ou uma "coesão" do espaço e do tempo, "mas uma coesão que não é indistinção, que é de incompossíveis, que é invasão, ausência ou *Ekstase*"[105]. Este envolvimento (*Ineinander*) – um no outro e um pelo outro – recusa a ideia de um exterior que substitui um interior e de uma divisão que substitui uma indivisão. "O passado, por exemplo, existe para mim porque eu vi, isto é, pela sua carne e pela minha carne, sendo como ele é, não fundido com meu presente, mas precisamente incompossível com ele"[106]. Assim, a simultaneidade claudeliana permite que Merleau-Ponty pense a "coexistência carnal".

Sob a perspectiva de uma "coexistência carnal", podemos também pensar a "coduração" do tempo e do espaço. Se tempo e espaço são "horizontes que se invadem", um no outro e um pelo outro, podemos unir o tempo no e pelo espaço e o espaço no e pelo tempo. "A simultaneidade claudeliana é essa copresença do horizonte entre partes do espaço, partes do tempo, partes do tempo e do tempo ao espaço e do espaço ao tempo"[107]. Sobre o exemplo claudeliano de Waterloo que me faz perceber *lá* no oceano Índico um pescador de pérolas, nos diz Merleau-Ponty, "eu estou lá (passado), lá (espacial) e aqui, a cada hora é todas as horas, a cada estação todas as estações. Não uma referência à essência ou ideia, mas por diferenciação na carne do Ser. Como em cada lado da

---

105. Id., *Notes de cours (1959-1961)*, 199.
106. Ibid., 199.
107. Ibid., 200.

cadeira está toda a cadeira"[108]. Portanto, a noção de simultaneidade claudeliana não só sustenta a compreensão merleau-pontyana da "invasão" do tempo no espaço e do espaço no tempo, mas também a totalidade de suas partes.

Mostramos até o momento, as possíveis relações entre Claudel e Merleau-Ponty. Começamos apresentando a noção claudeliana de tempo presente em "Connaissance du temps", passando pela noção merleau-pontyana de tempo descrita em *Fenomenologia da percepção*, em *O visível e o invisível* e *L'ontologie cartésienne et l'ontologie d'aujourd'hui* para chegar, enfim, até este momento. Neste percurso, mostrando uma visão poética e outra fenomenológico-ontológica da temporalidade, podemos concluir que as duas concepções acerca do tempo se invadem (*empiétement*) e se envolvem (*Ineinander*) em uma constante relação. Seguindo esta mesma ordem de apresentação, exporemos, no próximo capítulo, a noção de conhecimento presente em Claudel e em Merleau-Ponty para, em seguida, tecer possíveis relações.

---

108. Ibid.

Capítulo III
O CONHECIMENTO: ENTRE CLAUDEL E MERLEAU-PONTY

O capítulo inicia com a apresentação da noção de conhecimento em Paul Claudel. No "Traité de la co-naissance au monde et de soi-même", na segunda parte da obra *Art poétique*, Claudel expõe de forma metódica o seu pensamento acerca do conhecimento. Intentaremos aqui seguir a mesma ordem de apresentação deste tratado: prelúdio, sobre o conhecimento bruto, sobre o conhecimento nos seres vivos, sobre o conhecimento intelectual, sobre a consciência e sobre o conhecimento do homem após sua morte. Posteriormente, exporemos o conceito de conhecimento presente nos trabalhos de Merleau-Ponty. Como sabemos, não existe um texto exclusivo sobre o tema do conhecimento, contudo podemos encontrar esta noção ao longo da sua obra. Não se trata aqui de esgotar todo o tema, mas de situá-lo. Para isso, passamos por dois momentos do projeto filosófico merleaupontyano: no momento fenomenológico, trabalharemos com *A estrutura do comportamento* e *Fenomenologia da percepção*; no momento ontológico, com *O olho e o espírito*, *O visível e o invisível* e *L'ontologie cartésienne et l'ontologie d'aujourd'hui*.

Ao final, queremos apresentar as possíveis relações entre Claudel e Merleau-Ponty acerca do conhecimento. Para tal, retomaremos a mesma sequência das obras do filósofo expostas anteriormente.

1. Paul Claudel: uma interpretação poética do conhecimento

1.1. O prelúdio

Paul Claudel inicia o breve Prelúdio ao "Traité de la conaissance au monde et de soi-même" com a seguinte tese: "Nós não nascemos sozinhos. Nascer, para tudo, é conascer. Todo nascimento é um conhecimento"[1]. Claudel parte da análise da palavra *connaître*, do parentesco entre *naître* e *connaître* para nos apresentar a noção de conascença. O poeta, quanto ao uso da palavra, "não é aquele que inventa, mas que coloca lado a lado e que, aproximando as coisas, nos permite *compreendê-las*"[2]. Ele tem o privilégio de encontrar a palavra verdadeira para evocar os seres. Portanto, a partir do parentesco entre *nascer* e *conhecer* podemos pensar a união entre o sujeito e o objeto, entre o ser e a realidade no âmbito do conhecimento.

A noção claudeliana de conhecimento parte da concepção que "nenhum ser está isolado na criação: ele existe, cresce e age em uma rede de relações infinitamente variadas com as forças que animam o Universo, e em uma relação constante de dependência e semelhança com o Criador"[3].

---

1. CLAUDEL, P., *Art poétique*, 66.
2. Id., Accompagnements. Introduction à un poème sur Dante, in: ID., *Oeuvres en Prose*, Paris, Gallimard, 1965, 426.
3. ANGERS, P., *Commentaire à l'Art poétique*, 188.

Claudel nos apresenta três níveis do conhecimento: o primeiro está fundado na relação do ser com os outros seres, de seres que se conhecem mutuamente, mesmo que não sejam da mesma ordem na existência. O segundo, próprio do homem, não consiste simplesmente em ocupar uma situação na relação com os outros seres. O homem é livre para "fazer" ou "criar" sua posição na relação com os outros seres de acordo com as circunstâncias. O último nível do conhecimento está fundamentado na reflexão sobre a repercussão daquilo que ele fez ou criou.

Como mencionamos, aqui seguiremos a ordem presente no tratado claudeliano: sobre o conhecimento bruto, sobre o conhecimento nos seres vivos, sobre o conhecimento intelectual, sobre a consciência e sobre o conhecimento do homem após sua morte.

1.2. Sobre o conhecimento bruto

Neste primeiro artigo, a noção de conhecimento se funda no mundo material ou bruto. As coisas presentes no mundo, independentemente do homem, se conhecem, assim como o azul conhece a cor laranja, o ângulo de um triângulo conhece as outras duas partes e a mão humana conhece as outras partes do corpo. Esta relação de interdependência entre a parte e o todo, esta união de troca entre as coisas existentes corresponde às várias "ordens do conhecimento". Contudo, se o conhecimento bruto parte da relação entre as coisas, não podemos esquecer, como apresentado em "Connaissance du temps", que a relação entre as coisas está em permanente movimento. Desse modo, se por meio do movimento as coisas variam na relação, por consequência o conhecimento também varia.

O movimento, ou "sentido da direção", é ao mesmo tempo o princípio que reúne e diferencia as coisas. Sabemos, desde o primeiro tratado, que Claudel recorre às noções matemáticas para descrever as causas que governam o movimento das coisas presentes no universo. Na sua definição do universo matemático constatamos que "toda a atividade da natureza se reduz à operação aritmética [...] e por unidade solitária ou simultânea, que todas as coisas estão sujeitas ao movimento"[4]. A metáfora do universo matemático, também presente em "Traité de la co-naissance au monde et de soi-même", é usada para apresentar as duas forças simultâneas que animam o universo e a existência das coisas: passagem e permanência. A partir desta imagem matemática do universo compreendemos que "todo número é uma equação, da unidade somada a si mesma que, no total, representa a Extensão nos diferentes objetos que o compõem e cuja implementação forma o que chamamos de duração, o Tempo"[5]. Portanto, é na Extensão (*Étendue*) que todas as coisas coexistem e se conhecem.

As coisas se conhecem porque existe uma homogeneidade na criação. Não existe separação entre "matéria e espírito", entre "este mundo e o outro", entre o "visível e o invisível". Só é possível a homogeneidade entre o mundo visível e o invisível, entre a matéria e o espírito porque neles existe o movimento. O movimento ou a variação na existência qualifica a substância das criaturas que nascem a todo instante. Assim, o estado de movimento e de homogeneidade se torna a condição essencial da conascença. O homem conhece as coisas, porque o mundo e o ser humano são animados pela

---

4. CLAUDEL, P., *Art poétique*, 68.
5. Ibid.

mesma "força geométrica". Segundo Claudel, "nós fazemos parte de um todo homogêneo e, como nós conascemos com toda a *natureza*, é assim que a conhecemos"[6].

A conascença implica homogeneidade e diferença, individualidade e solidariedade entre os seres, pois, na sua insuficiência, o ser busca os outros seres para se completar. Este princípio de complementaridade estabelece uma harmonia entre os seres que coexistem. É também nesta relação de complementaridade que o ser conhece. Segundo Claudel, "ele conhece, isto é, ele se serve de si para conhecer o que não é ele mesmo, e, ao contrário, ele conhece que é aquilo sem o qual todo o resto não poderia ser. [...] Conhecer, então, é ser: aquilo que falta a todo o resto"[7]. Assim, os seres reunidos, em "composição", se completam e se conhecem entre eles.

A "composição" dos seres proporciona uma situação de equilíbrio em sua forma "organizada" ou "bruta", porque, na natureza, nada se encontra em estado de inércia. O mármore utilizado para esculpir, que permanece em sua forma bruta, é tão vivo quanto as mãos do escultor, que permanecem em sua forma organizada. Assim, a forma, como também o movimento, está na íntima constituição do ser.

> O movimento é um "ato permanente e a própria base da existência dos seres"; a forma é o princípio de coesão e unidade. O movimento é a variação que afeta toda realidade criada; a forma é o lado estável do ser, a permanência das substâncias que escapam da mudança; uma espécie particular de árvore ou flor. Os indivíduos fluem e desaparecem: os sucessores garantem a continuidade da espécie. Existe na natureza quadros

---

6. Ibid., 70.
7. Ibid., 71.

bem definidos que reaparecem fielmente: o mesmo junho. Existe o que recomeça e o que continua[8].

Os seres são constituídos destes dois elementos contraditórios: o movimento (variação) e a forma (estabilidade). Claudel compara a estabilidade ou a permanência da forma com a eternidade, isto é, com a ideia de um Deus imutável. O movimento passa, mas a forma permanece a mesma, eternamente renovada. Esta renovação ou desenvolvimento da forma está inscrita na duração. Assim, é na duração – variação e estabilidade – que os seres são solidários e se conhecem entre eles. A partir desta relação de solidariedade entre os seres, Claudel nos diz que existem dois modos de conhecimento. "O primeiro estado [...] do conhecimento que um corpo tem de si mesmo é o reconhecimento do lugar que ocupa [...]; o segundo estado [...], nessa imagem que o ser vivo produz, nessa construção que ele faz de si mesmo [...], ele se faz de dentro de si mesmo"[9]. Desse modo, o conhecimento possui graus diversos de "precisão" e "necessidade" que variam de acordo com o contato do ser com os demais seres.

O ser precisa delimitar e definir o outro ser para conhecê-lo. Contudo, ao mesmo tempo que o ser é definidor (*définissante*), ele também é definido (*défini*). Definir é negar um ser para poder afirmar outro. Segundo Claudel, "ser, não é ser uma coisa, não é ser outra, é ser impedido de ser, seja pela oposição material, seja pela necessidade que ela tem de mim como tal. O conhecimento é a constatação do meu contorno. Ora, existe o *conhecimento* e existe o *reconhecimento*"[10]. O *conhecimento* é a ação exercida e o *reconhecimento* é a ação

---

8. ANGERS, P., *Commentaire à l'Art poétique*, 200-201.
9. CLAUDEL, P., *Art poétique*, 74-75.
10. Ibid., 76.

sofrida pelo ser. "O 'conhecedor' conhece apenas a si mesmo e os meios sem os quais ele não poderia ser; o 'reconhecedor' conhece um outro, sem o qual ele não poderia ser, e o designa com precisão"[11]. Claudel nos diz que esta distinção é apenas lógica, pois ambas as qualidades podem se encontrar no mesmo sujeito.

1.3. Sobre o conhecimento nos seres vivos

Depois de apresentar a noção de conhecimento nos corpos brutos, Claudel desenvolve no segundo artigo esta mesma noção nos seres vivos. Ele parte da afirmação de que o homem, assim como os demais seres, vive, e, por consequência, o viver se torna um modo particular de conhecimento. Partindo desta premissa, este segundo artigo do tratado busca desenvolver o "modo" de conhecimento ou de vida dos seres no mundo. O mundo existe para que os seres vivos possam compreendê-lo, possuí-lo e usá-lo, entretanto, permanece a questão sobre o "modo" como o compreendemos, possuímos e usamos.

Qual é o modo particular deste conhecimento? Segundo Claudel, o modo particular ou vital do conhecimento é "a elaboração da vibração nervosa"[12]. Para explicar esta afirmação, ele reproduz integralmente em *Art poétique* o texto "Sur la cervelle", que originalmente está em *Connaissance de L'Est*[13]. Não obstante comece a reflexão sobre o cérebro afirmando que é um órgão, Claudel rejeita a doutrina materialista mecanicista fortemente presente no final do século XIX. O cérebro e o

---

11. Ibid., 77.
12. Ibid., 79.
13. Id., Connaissance de L'Est, in: Id., *Oeuvres Poétique*, Paris, Gallimard, 1967, 105-106.

sistema nervoso formam um único órgão com ramificações complexas e funções precisas, que elaboram a vibração nervosa, isto é, o *movimento* e a *sensação*. O organismo humano vive porque é animado por uma contínua produção de *movimento* e *sensação*, que, através de ondas cerebrais, expandem-se e se espalham por todo o corpo. Este permanente estado de vibração conserva o homem na existência, pois ele, para existir, não cessa de nascer. Assim, deste princípio surge a ideia basilar do "Traité de la co-naissance au monde et de soi-même": basta que o homem nasça para conhecer.

A função primordial do homem é conhecer, contudo, a sua existência no mundo é fundamental para que ele receba as *sensações* e conheça. A sensação que procede da relação do homem com o mundo exterior ou do contato imediato com o seu meio não é um "fenômeno passivo", mas um "estado de atividade". Segundo Claudel, a "sensação ativa" é comparada à corda de um instrumento musical em vibração, que nos dá a nota a partir da justa posição do dedo. É pela sensação que o músico constata o fato e controla, pelo movimento do dedo, o ato. A sensação ou a vibração nervosa é constante, porque o sistema nervoso do corpo humano está sempre em estado de atividade. Em razão disso,

> os nervos, e o toque que eles nos dão sobre o mundo exterior, são apenas o instrumento de nosso conhecimento, e é somente neste sentido que eles são a sua condição. Da mesma forma que aprendemos a usar uma ferramenta, assim também educamos nossos sentidos. Nós aprendemos sobre o mundo no contato com nossa identidade íntima[14].

---

14. Id., Connaissance de L'Est, 106; Id., *Art poétique*, 80.

Claudel termina o texto "Sur la cervelle" retomando a ideia que o cérebro é um órgão. No entanto, sendo simplesmente um órgão, o cérebro não poderá ser o fundamento da inteligência ou da alma. Ele defende que o fundamento ou a causa de todo movimento do corpo humano é a alma. Deste movimento de ordem metafísica – reproduzido sob a ação da causa primeira –, o homem retira continuamente a energia que o mantém na existência. Ele "recebeu o poder de elaborar sua própria vibração pessoal, ele carrega no coração de sua essência o ateliê onde se refaz infinitamente a vibração criadora"[15].

Da mesma forma que está em permanente estado de vibração ou nascimento – uma vez que a criação não cessou –, o homem está também em permanente estado de informação ou conhecimento, porque o contínuo nascimento é o princípio do conhecimento. No entanto, o corpo que nasce e conhece "está cercado por outros corpos; ele não nasce sozinho; em cada um de todos os instantes de sua duração, ele *conasce*"[16]. O homem não é um ser isolado na criação. Como todos os outros corpos, ele ocupa um lugar no universo e – relacionando-se com os demais seres – possui um modo próprio de conhecimento. A este modo se acrescenta um novo elemento, que é um privilégio do espírito, a consciência. Por conseguinte, o homem se percebe em ato de conhecimento porque possui consciência. O ato de conhecimento não só o informa da sua existência e diferença, do seu lugar na criação e da relação com os outros seres, da sua conascença e conhecimento, mas também do toque e do ver, do gosto e do odor. "Assim, do mesmo modo como reproduzimos nossa própria

---

15. ANGERS, P., *Commentaire à l'Art poétique*, 235-236.
16. CLAUDEL, P., *Art poétique*, 84.

existência, produzimos essa existência como modificada pelos objetos exteriores que nos circundam. Somos os autores de nossas sensações"[17].

O ato de conhecimento, ou de conascença (*co-naissance*), informa-nos sobre a nossa maneira de sentir o mundo. Sabemos que o cérebro e o sistema nervoso têm como função a emissão da onda vital e a regulação de sua tensão, contudo, o impulso nervoso – ao se espalhar pelos órgãos para colocá-los em funcionamento – garante o contato com o mundo. Assim, provocada pela pressão de corpos vizinhos, a sensação registra e *digere o choque*. Embora todos os sentidos sejam instrumentos de conhecimento, Claudel estabelece uma hierarquia entre eles, isto é, alguns nos fornecem uma informação parcial (tato, paladar e olfato) e outros uma "imagem completa" (visão e audição).

O modo mais simples de conhecimento é o tato. Claudel distingue dois modos de tocar: o passivo e o ativo. No primeiro, como a nossa pele é nua e sensível em cada ponto do corpo, recebemos as sensações. No segundo, como as nossas mãos têm uma função ativa, produzimos as sensações. As mãos são no final dos nossos braços uma "redução métrica" de todo o nosso corpo, de nós mesmos. Contudo, "o tocar por si só nos dá apenas informações parciais; é uma parte do nosso corpo que entra em contato com uma parte do outro; os outros quatro sentidos nos fornecem informações gerais, confiadas a um órgão especial e isolado"[18].

Pelo paladar e pelo olfato, por exemplo, podemos obter de modo direto todo o sentido que uma carne ou um grão de almíscar podem nos informar com o seu sabor e perfume.

---

17. Ibid., 86.
18. Ibid., 87.

O paladar é um tocar mais completo, uma vez que nossa boca toca e saboreia o alimento. O olfato também nos oferece informações mais completas, porque ao respirar trazemos junto com o ar os odores que o mundo sensível oferece. No entanto, estes sentidos fornecem apenas "impressões", à medida que os sentidos superiores (visão e audição), em planos diferentes, fornecem imagens.

"A *visão* não resulta de uma imagem pintada em nosso cérebro, mas do contato real com o objeto que o olhar toca e circunscreve"[19]. Assim, a percepção das coisas toca-nos de tal modo, que pela visão elas passam a existir em nós. Se pela visão temos acesso às imagens do espaço, pela audição marcamos a duração. A audição possibilita acessar aquilo que existe de mais íntimo em nós e no mundo, porque escutar é fazer silêncio para conhecer a nossa alma e a natureza. Neste sentido, "prêter l'oreille" para escutar significa que nós *damos* a nós mesmos ao som que nos invade, uma vez que a continuação do som pinta a imagem do movimento universal e da nossa própria duração.

Mesmo que Claudel defenda a existência de uma hierarquia entre os sentidos, ele também sustenta a ideia de que eles são interdependentes. Os sentidos – em profunda comunicação entre si – nos colocam em relação com o mundo e facilitam a passagem do visível ao invisível. Desse modo, "se uma miserável pedra dá conta de todo o universo, quanto mais o animal sensível, que foi o tema deste segundo artigo. Agora precisamos falar sobre o animal razoável e inteligente"[20].

---

19. Ibid., 89, itálico nosso.
20. Ibid., 92.

1.4. Sobre o conhecimento intelectual

O terceiro artigo aborda o tema do conhecimento intelectual ou da formação das ideias gerais que nascem do contato das faculdades humanas com os objetos externos. Porém, Claudel apresenta previamente a noção de constância, pois defende a existência de uma continuidade entre o movimento das sensações e da inteligência.

A constância é a forma dos seres existentes, seja da matéria bruta, seja da organizada. "Assim como a forma é constante, a sensação é constante. Constante o que a mantém, isto é, o que a limita, tanto por dentro como por fora, enquanto tal"[21]. O mesmo objeto sempre produz em nós as mesmas sensações e qualquer variação, tanto do objeto quanto da sensação, afeta a base das nossas ideias gerais. O emprego da palavra "geral" expressa uma qualidade que muitas coisas diferentes têm em comum. Assim, quanto mais amplo for o campo de participação entre as coisas, mais geral será a qualidade. No entanto, entre as qualidades universais, o movimento é a única compartilhada por todos os seres.

A discussão inicial destes princípios coloca-nos as bases do conhecimento intelectual. Claudel busca qualificar quais coisas exteriores e quais sensações são semelhantes ou diferentes. Ele parte do princípio de que "toda sensação é um nascimento; todo nascimento é conascença. O ser animado conhece o semelhante, conascendo semelhante"[22]. Assim, o conascimento aparece como a condição indispensável ao nascimento das ideias gerais nos seres animados. Contudo, a característica que distingue os seres – homem e animais – está na ordem da natureza. O animal é "construído" para se

---

21. Ibid., 93.
22. Ibid., 95.

adaptar a um determinado ambiente. O homem, ao contrário, não se reduz a um único ambiente, porque a sua forma permite-lhe estar em toda parte. Portanto, o homem, em sua natureza, carrega essa diferença essencial como instrumento de conhecimento (conascença).

A razão é o princípio superior a qualquer outra fonte de atividade no homem. Por meio dela, ele se torna mestre do seu próprio conhecimento sensível. Assim, "nós conhecemos as coisas fornecendo-lhes o meio de exercer uma ação sobre nosso 'movimento'. Nós *conascemos* com as coisas, produzimo-las em seu relacionamento conosco"[23]. Ao cheirar uma rosa, por exemplo, nós nos produzimos cheirando esta rosa. A sensação de cheirar a rosa é *geradora* (*génératrice*) de um "eu" cheirando a rosa. Por outro lado, a rosa surgindo, aparecendo aos meus sentidos, é *geral* (*général*). A sensação tem dois momentos: geral ou exterior e geradora ou interior. Ela é exterior porque a rosa é uma forma produzida e mantida por um esforço contínuo do organismo vegetal. Ela é interior porque é no sujeito conhecedor que a forma da rosa surge e se mantém pela energia vital do próprio sujeito.

Para Claudel, "o homem está em estado de necessidade, de sensibilidade, em relação a todos os objetos que o cercam, dos quais nenhum lhe é *indiferente*"[24]. Em cada ato de conhecimento existe um elemento objetivo e um subjetivo, isto é, no mesmo ato coincidem o conhecimento do mundo e o conhecimento de si mesmo. Neste conhecimento sensível – do mundo e de si mesmo – cada sensação é simultaneamente acompanhada de outras. "Esta sensação torna-se para nós um *signo*, uma informação do diverso trabalho de percepção que

---
23. Ibid., 99.
24. Ibid., 100.

somos convidados a fornecer, um valor de representação"²⁵. Como os signos nos dão a noção de uma coisa, ou seja, eles nos indicam o estado de conhecimento, podemos fabricá-los segundo a nossa vontade.

Se não podemos produzir nenhum objeto, podemos produzir este nosso estado que é o seu conhecimento e o signo com que lhe damos caráter. Produzir, isto é, dotar de uma existência exterior um ser artificial, uniforme, sempre imprimindo-se também em nossos sentidos. Este ser é o que chamamos de *palavra*²⁶.

A palavra que proferimos, entendemos, recebemos e entregamos nos coloca em estado de conhecimento (conascença) e nos torna mestres do objeto que ela representa. Assim, nomear uma coisa é conhecer o seu sentido, adaptando-o e assimilando-o ao nosso, para que se torne "matéria de nossa inteligência".

No final da sua apresentação sobre o conhecimento intelectual, Claudel distingue o sentido dos termos *conhecimento*, *inteligência* e *compreensão*. O conhecimento é constatação, é a leitura que o sujeito tece da sua relação com o mundo e com o si mesmo. A inteligência está relacionada às coisas que conhecemos. A compreensão é o ato pelo qual nós nos substituímos pela coisa que compreendemos. Quando compreendemos, entramos no interior do mistério do ser para representá-lo. Desse modo, representar o ser é o mesmo que torná-lo presente, chamá-lo novamente à existência. "Nós nos disfarçamos nela. Tomamos emprestado dela sua força criativa, isto

---

25. Ibid., 101.
26. Ibid.

é, a força pela qual ela é criada. Nós conhecemos o que ela é e compreendemos o que faz"²⁷. Porém, este conhecimento e esta compreensão só são possíveis porque temos consciência do movimento que se passa em nós e ao nosso redor.

1.5. Sobre a consciência

Neste quarto artigo, Claudel continua a sua investigação sobre as formas da palavra *conhecer* (*co-naître*). No seu sentido neutro, a palavra conhecer refere-se à relação de um sujeito com o seu meio. O sentido ativo, por sua vez, diz respeito ao efeito produzido sobre os sujeitos exteriores ao si mesmo. No entanto, o interesse de Claudel, aqui, é pela forma reflexiva do verbo: *se conhecer* a si mesmo. Ele começa examinando o termo "si mesmo" para em seguida refletir sobre o seu modo de relação com o verbo, porque é conhecendo que o ser se conhece.

O duplo termo "si mesmo" tem um valor de autenticação. O termo de comparação "mesmo" expressa a identidade ou a permanência do ser sobre aquilo que passa. O "si" expressa a separação ou a autonomia do sujeito. Segundo Claudel, "o móvel se separa do imóvel pelo movimento e de outro móvel por um movimento diferente"²⁸. Esta passagem segue uma análise metafísica que se refere não só à diferença entre o móvel (sujeito) e o imóvel (Deus), mas também à dependência entre ambos. Sabemos que Deus, sendo toda a existência, não pode permitir que nada exista fora dele. Mas também sabemos que Deus difere radicalmente de tudo o que existe em estado de mobilidade. Assim, se o movimento está na origem

---

27. Ibid., 105.
28. Ibid., 107.

da diferença, entendemos que o conhecimento de si mesmo acontece porque o ser está em movimento.

Claudel apresenta duas categorias do conhecimento de si mesmo. Na primeira, o ser se toma por objeto de conhecimento, como é o caso, por exemplo, de um vegetal. "O ser vivo é o fator e o autor do seu próprio movimento, do seu nascimento. Conhecer-se, para ele, é se fazer conascer, se dar-se como meio de conascença, é fazer nascer por si, consigo, todos os objetos de que tem conhecimento"[29]. O ser se conhece (co-naît) enquanto parte do todo na medida em que trabalha para conservar sua substância e manter a solidez do seu meio ambiente. Na segunda, o ser conhece a si mesmo na relação com os outros seres no mundo, como é o caso, por exemplo, de um animal. O ser – em cada ato que produz – se conhece por inteiro neles. Os outros seres não são simplesmente objetos de conhecimento, mas causa de conascença (co-naissance). É na relação que os demais seres provocam as atitudes necessárias para a construção do ser. Desse modo, os seres "fornecem-lhe os meios de conascer, de se conhecer em relação a eles, de produzir e dirigir a força necessária para assegurar o contato entre os dois termos"[30].

Sabendo que a planta atesta a presença das coisas ao seu redor para se compreender e o animal se conhece através da relação que mantém com o seu ambiente, resta-nos apresentar a maneira como o homem se conhece a si mesmo. A característica fundamental do homem – que o torna diferente dos demais seres vivos – é a existência do espírito. O espírito conasce (co-naît) na relação com Deus. "Ele é conhecedor, porque existe alguma coisa para conhecer; assim

---

29. Ibid., 112.
30. Ibid., 113.

como a matéria prova seu princípio pelo movimento, o espírito o prova pela consciência. Ambos são apenas maneiras de diferir de Deus"[31]. Claudel apresenta amplamente os princípios que diferem o espírito e Deus no quinto artigo. Por agora, basta compreender que cada homem difere de Deus por um movimento, isto é, um nascimento que se repete perpetuamente.

O espírito exige um corpo. É por meio do corpo, sobretudo dos seus órgãos sensíveis, que o espírito se constrói e recebe as informações do mundo exterior e dos fenômenos que o cercam.

> Existe identidade de modo entre conhecer e se conhecer. Acordado sobre o ato criativo, o homem interroga todas as coisas sob a perspectiva do olhar Criador; ele conhece os seres gerados; do mesmo modo, ele se conhece gerado[32].

O homem conhece a si mesmo à medida que se cria na correlação, isto é, ele se torna o seu próprio autor e mestre porque recebeu o *poder* na correlação com o Autor e Mestre. Este poder deve ser exercido na comunhão com Deus. Assim, cada homem – em contato com a sua origem – é criado para ser a testemunha e o autor do espetáculo criador. Por fim, a natureza do espírito e suas relações com Deus, o mundo e o corpo determinam o objeto e as condições do agir humano. Desse modo, é pela consciência que o homem sabe se agiu bem ou mal, ou seja, se agiu de acordo ou não com o seu fim.

Chegamos ao final da exposição sobre o conhecimento nesta vida. Claudel nos apresenta no seu quinto e último artigo a noção de conhecimento na vida após a morte.

---

31. Ibid., 115-116.
32. ANGERS, P., *Commentaire à l'Art poétique*, 333.

1.6. Sobre o conhecimento do homem após sua morte

Claudel parte do conceito de eternidade – presente na teologia cristã – para fundamentar as ideias deste quinto artigo. Sob esta perspectiva, não só se esclarece o tema da união pessoal das almas com Deus e da solidariedade entre elas em Deus, mas também o do conhecimento do homem após a sua morte.

Sabemos que quando morre, o homem cessa de ser em relação a nós. Do mesmo modo, como apresentado nos artigos anteriores, entendemos que todo nascimento origina conhecimento. No entanto, como o homem pode continuar nascendo e conhecendo estando morto? A alma, desprovida dos órgãos sensíveis, manterá uma aptidão ao conhecimento? Claudel busca mostrar não somente a imortalidade da alma, mas a continuidade do conhecimento, mesmo depois da morte. Ele defende que os fenômenos de conhecimento continuam na ausência do corpo, porque o movimento que permite o nascimento do homem não cessa na alma separada. Assim, compreendendo que o conhecimento não se interrompe com a morte, o homem, através das atividades espirituais, conhece o permanente, isto é, reconhece em todas as coisas uma variação em relação a um ponto fixo.

Dado que o homem conhece o permanente, ele mesmo é permanente no movimento que constitui sua substância.

> O ato pelo qual o homem atesta a permanência das coisas, pelo qual, fora do tempo, fora das circunstâncias e causas secundárias, ele formula o conjunto de condições permanentes cuja reunião dá a cada coisa o direito de se tornar presente ao espírito, pelo qual ele a concebe em seu coração e repete a ordem que a criou, é chamado de palavra. [...] Nomear uma coisa é produzi-la em relação ao seu princípio inexterminável,

pois é produzi-la em relação ao seu princípio que não envolve cessação. [...] Para consolidar as coisas em sua qualidade de termos, para torná-las, nomeando-as, inextermináveis, devo ser eu mesmo. A palavra não contém morte; ora, a palavra é um estado de mim mesmo[33].

Se a palavra não é afetada pela morte e se é um estado do homem, entendemos que ela não só torna as coisas nomeadas eternas, mas faz do próprio homem, enquanto dotado de linguagem, um ser eterno. Dessa forma, por ser o homem eterno, ele continua conhecendo após a morte os seres eternos. Segundo Claudel, existe uma variedade de estados de conhecimento nas almas separadas. No entanto, elas se organizam em duas categorias: o conhecimento de Deus e o conhecimento das outras almas. Além disso, as almas também gozam do conhecimento do mundo material, ou seja, após a morte elas carregam a recordação do seu passado e continuam, de um certo modo, a exercer conhecimento sobre as coisas sensíveis.

Sustentado pela teologia paulina, Claudel entende que os seres materiais não serão mais conhecidos pela alma separada através de signos opacos e deficientes, mas em sua origem[34]. Desse modo, separada do seu corpo, a alma possui em Deus o ponto fixo que determina seu sentido. Sabemos que sem o corpo, e "despida dos seus sentidos, a alma separada não tem mais os meios de se informar externamente; mas não está privada desse sentido primeiro constituído de sua

---

33. CLAUDEL, P., *Art poétique*, 122-123.
34. O Apóstolo Paulo nos diz em 1 Coríntios 13,12 que "agora vemos em espelho e de maneira confusa, mas, depois, veremos face a face. Agora o meu conhecimento é limitado, mas, depois, conhecerei como sou conhecido".

relação móvel com o único ponto fixo"[35]. Se o nascimento (*co-naissance*) é o mesmo que conhecimento (*connaissance*), por consequência tudo que nasce – alma e corpo – conhece segundo o seu modo.

> Assim como nesta vida a inteligência é informada pelos sentidos, também na outra a própria substância da alma inteligível serve-lhe como órgão perceptivo para realizar a disposição, o justo suplemento de força que corresponderia a tal estado sensorial[36].

A variedade de estado de conhecimento da alma separada se fundamenta na eternidade. Enquanto que a nossa existência nesta vida é como uma "linguagem bárbara e rompida", a vida eterna é como um "verso da mais primorosa correção". A ideia de eternidade – assim como uma mulher grávida que se fecha nela mesma – se reduz à de um fechamento que é inquebrável. Desse modo, "o Tempo se fechará sobre nós e o Presente será seu centro eterno. [...] Então nosso conhecimento será completo como nossa forma e como nosso fechamento"[37].

Para concluir, esta nossa exposição sobre a concepção poética do conhecimento nos oferece elementos para entender melhor a importância do "Traité de la co-naissance au monde et de soi-même" para o projeto filosófico de Merleau-Ponty. Desse modo, o próximo passo da nossa investigação consiste na exposição da concepção merleau-pontyana de conhecimento.

---

35. CLAUDEL, P., *Art poétique*, 131.
36. Ibid., 132.
37. Ibid., 133.

2. Merleau-Ponty: uma interpretação filosófica do conhecimento

2.1. O momento fenomenológico

Em *A estrutura do comportamento*, Merleau-Ponty se interroga sobre o "sentido e o modo de existência" das estruturas. Ele procura, neste trabalho, "elucidar diretamente a noção de comportamento" e, por esse motivo, opõe-se a uma concepção criticista do conhecimento. Como a filosofia criticista retoma a "concepção do conhecimento sensível" ensinada por Descartes, ela se dissocia do problema do ser. Pergunta Bimbenet, "como um ser inteiramente objetivado pela ciência pode ao mesmo tempo ser o sujeito autônomo que essa ciência requer para se constituir?"[38]. Para Merleau-Ponty,

> conhecer alguma coisa não é apenas se encontrar na presença de um conjunto compacto de dados e, por assim dizer, viver nele; esse "co-noscere", esse contato cego com um objeto singular e essa participação em sua existência seriam como nada na história de um espírito, e nele não deixariam mais aquisições ou lembranças físicas do que uma dor física ou um desmaio, se já não contivessem o movimento contrário pelo qual me separo da coisa para apreender-lhe o *sentido*. O vermelho como sensação e o vermelho como "quale" devem ser distinguidos e já a qualidade comporta dois momentos: a pura impressão do vermelho e sua função, que é, por exemplo, de abarcar uma certa extensão de espaço e de tempo. Conhecer é, pois, sempre apreender um dado em certa função, sob certo

---

38. Bimbenet, E., *Nature et humanité. Le problème anthropologique dans l'oeuvre de Merleau-Ponty*, Paris, Vrin, 2004, 17.

aspecto, "enquanto" ele me significa ou me apresenta alguma estrutura[39].

Como sabemos, no ato de conhecimento o sujeito não se separa do objeto. A percepção humana, na mesma medida em que seus objetos aparecem como estruturas, tem um interior. O aparecimento de um "interior" no "exterior" arranca o sujeito da condição de "espectador estrangeiro", como defende o pensamento criticista, e o coloca "numa dialética de ações e reações". Assim, do mesmo modo que o sujeito percebe ou conhece, ele também é percebido ou conhecido. Esta dialética merleau-pontyana permite que as coisas e os demais seres participem da existência humana, tal como o sujeito participa também da existência das coisas e dos seres. No entanto,

> o ato de conhecer não é da ordem dos acontecimentos, é uma tomada de posse dos acontecimentos, mesmo interiores, que não se confunde com eles, é sempre uma "re-criação" interior da imagem mental e, como disseram Kant e Platão, um reconhecimento, uma recognição[40].

A "re-criação" coloca o sujeito nos acontecimentos "vividos na sua realidade" e, ao mesmo tempo, permite-lhe "conhecer o seu sentido". Não existe distinção entre o vivido e o conhecido. Merleau-Ponty entende também que "a consciência vivida não esgota a dialética humana", dado que o homem não se define unicamente pela sua capacidade de criar. "O que define o homem não é a capacidade de criar uma segunda natureza – econômica, social, cultural – para além da

---

39. MERLEAU-PONTY, M., *A estrutura do comportamento*, 306.
40. Ibid., 307.

natureza biológica, é sobretudo a capacidade de superar as estruturas criadas para criar outras"[41]. Desse modo, o contínuo movimento de criação coloca o homem em permanente estado de nascimento.

A análise do ato de conhecimento, em *A estrutura do comportamento*, deve nos conduzir "à ideia de um pensamento constituinte" que funda interiormente a estrutura dos objetos. Assim, "para marcar ao mesmo tempo a intimidade dos objetos com o sujeito e a presença, neles, de estruturas sólidas que os distinguem das aparências, nós os chamaremos de 'fenômenos', e a filosofia, na medida em que se atém a este tema, se torna uma fenomenologia"[42]. Portanto, como veremos, este tema da investigação fenomenológica acerca do conhecimento continua a ser desenvolvido por Merleau-Ponty em seu próximo trabalho.

Em *Fenomenologia da percepção*, Merleau-Ponty nos diz que tudo aquilo que conhecemos do mundo, só o conhecemos "a partir de uma visão minha ou de uma experiência do mundo, [...] pois um mundo se dispõe em torno de mim e começa a existir para mim. [...] O homem está no mundo, é no mundo que ele se conhece"[43]. Assim, para conhecer o mundo e a si mesmo, o homem precisa, antes, "compreender o sentir".

O método fenomenológico parte da premissa que as sensações fundam o conhecimento. O sujeito que sente ou percebe não só está *diante* do mundo, mas *no* próprio mundo. Contudo, ele não toma o mundo por objeto de análise, como fazem os empiristas e intelectualistas, porque "perceber no

---

41. Ibid., 272.
42. Ibid., 308.
43. Id., *Fenomenologia da Percepção*, 3, 4, 6.

sentido pleno da palavra, que se opõe a imaginar, não é julgar, é apreender um sentido imanente ao sensível antes de qualquer juízo"[44]. A apreensão do sentido imanente concede ao sujeito a certeza de apreender o "real para além das aparências", ou o "verdadeiro para além da ilusão". Desse modo, a percepção, ao abrir o sujeito sobre o mundo, coloca-o "em direção a uma verdade em si", isto é, em direção "à razão de todas as aparências".

O sujeito tem consciência do mundo por meio do seu corpo. "O corpo é o veículo do ser no mundo, e ter um corpo é, para um ser vivo, juntar-se a um meio definido, confundir-se com certos projetos e empenhar-se continuamente neles"[45]. No ato de conhecimento, o corpo exerce simultaneamente a função de conhecedor e de conhecido, pois ele busca tocar-se tocando. Esta dupla sensação ou ambiguidade enquanto corpo tocante e corpo tocado "esboça um tipo de reflexão" que apreende o corpo como um objeto-sujeito. O clássico exemplo da mão direita que toca a esquerda ao mesmo tempo que a esquerda toca a direita mostra que elas conhecem pelo fato de existirem e coexistirem. "*Ser uma experiência*, é comunicar interiormente com o mundo, com o corpo e com os outros, ser com eles em lugar de estar ao lado deles"[46]. Esta comunicação se realiza a cada instante no movimento da existência e da coexistência.

Sabemos que "a tradição cartesiana habituou-nos a desprender-nos do objeto [...] e que para ela há dois sentidos e apenas dois sentidos da palavra existir: existe-se como coisa ou existe-se como consciência. A experiência do corpo próprio,

---

44. Ibid., 63.
45. Ibid., 122.
46. Ibid., 142.

ao contrário, revela-nos um modo de existência ambíguo"[47]. Para conhecer o corpo – quer se trate do corpo do outro ou do meu próprio corpo – não temos outro meio senão vivê-lo, isto é, confundir-nos com ele. Desse modo, "o sujeito da sensação não é nem um pensador que nota uma qualidade, nem um meio inerte que seria afetado ou modificado por ela; é uma potência que conasce em um certo meio de existência ou se sincroniza com ele"[48]. O sujeito da sensação não deixa de ser para conhecer, porque os sentidos são o próprio sujeito da sensação, os sentidos e o sujeito conascem.

A conascença entre o sujeito que sente e o sensível só é possível porque "meu corpo é a textura comum de todos os objetos e é, pelo menos em relação ao mundo percebido, o instrumento geral de minha 'compreensão'"[49]. Assim como coexistimos no mesmo mundo e, consequentemente, somos um só tecido com os demais seres e com o próprio mundo, nós também nascemos e conhecemos perpetuamente. Segundo Merleau-Ponty,

> o acontecimento de meu nascimento não passou, não caiu no nada à maneira de um acontecimento do mundo objetivo, ele envolvia um porvir, não como a causa determina seu efeito, mas como uma situação, uma vez armada, chega inevitavelmente a algum desenlace. Doravante havia um novo "ambiente", o mundo recebia uma nova camada de significação. Na casa onde nasce uma criança, todos os objetos mudam de sentido, eles se põem a esperar dela um tratamento ainda indeterminado, alguém difere e alguém a mais está ali, uma

---

47. Ibid., 268.
48. Ibid., 284.
49. Ibid., 315.

nova história, breve ou longa, acaba de ser fundada, um novo registro está aberto[50].

Dessa maneira, o conhecimento contínuo é "uma única experiência inseparável de si mesma, uma única 'coesão de vida', uma única temporalidade que se explica a partir de seu nascimento e o confirma em cada presente"[51].

As passagens mencionadas em *A estrutura do comportamento* e *Fenomenologia da percepção* nos mostram – neste momento fenomenológico – o interesse de Merleau-Ponty pelo tema do conhecimento. No entanto, este interesse não se limita apenas ao primeiro momento de seu pensamento, mas o acompanha também nos seus últimos escritos.

2.2. O momento ontológico

Em *O olho e o espírito*, último texto publicado em vida por Merleau-Ponty, a noção de conhecimento aparece na meditação sobre o corpo, a visão e a pintura. Segundo Claude Lefort, em seu prefácio à citada obra merleau-pontyana, o trabalho do pintor busca descrever a visão do invisível, a aparência do ser através de "uma interrogação interminável, que é retomada de obra em obra, que não poderia chegar a uma solução e, no entanto, que produz um conhecimento, com a singular propriedade de só obter este conhecimento, o do visível, por um ato que o faz surgir numa tela"[52]. Desse modo, Merleau-Ponty entende que no inacabado trabalho do pintor,

---

50. Ibid., 545-546.
51. Ibid., 546.
52. LEFORT, C., Prefácio, in: MERLEAU-PONTY, M., *O olho e o espírito*, São Paulo, Cosac Naify, 2004, 4.

isto é, na sua permanente busca por descrever o invisível se encontra o conhecimento.

Sabendo que "o pintor emprega o seu corpo" ao pintar o mundo, Merleau-Ponty também compreende que o mundo é transformado em pintura. Esta "transubstanciação", entre corpo e mundo ou entre corpo e coisa visada, só se torna possível porque ambos são a mesma e única carne. A invasão (*empiétement*) do ser por um outro ser permite que o nosso corpo seja ao mesmo tempo vidente e visível, tocante e tocado, conhecedor e conhecido. A ambiguidade desta relação entre os seres, por exemplo, entre o pintor e a paisagem, permite que os papéis se invertam e, consequentemente, que o pintor também seja visto pelas coisas. Assim, o que os pintores

> chamam inspiração deveria ser tomado ao pé da letra: há realmente inspiração e expiração do ser, respiração no ser, ação e paixão tão pouco discerníveis que não se sabe mais quem vê e quem é visto, quem pinta e quem é pitado. Disse que um homem nasceu no instante em que aquilo que no âmago do corpo materno era apenas um visível virtual se faz simultaneamente visível para nós e para si. A visão do pintor é um nascimento continuado[53].

Só podemos compreender o pintor em permanente estado de nascimento, porque o conhecimento que ele possui de si mesmo e do mundo permanece inacabado. O homem conhece pelo "olho redondo do espelho", segundo a expressão de Claudel presente em *Introduction à la peinture hollandaise*, porque ele é

---

53. MERLEAU-PONTY, M., *O olho e o espírito*, 13-14.

vidente-visível, porque há uma reflexividade do sensível, que ele traduz e duplica. [...] Quanto ao espelho, ele é o instrumento de uma universal magia que transforma as coisas em espetáculos, os espetáculos em coisas, eu em outrem e outrem em mim[54].

Portanto, o homem se torna espelho para o próprio homem.

A relação de solidariedade existente entre vidente-visível só se torna possível porque os seres – mesmo sendo "diferentes", "exteriores" e "alheios uns aos outros" – coexistem, conascem simultaneamente. Estes temas presentes em *O olho e o espírito*, desenvolvidos em torno do conceito de conhecimento, também aparecem nos textos inéditos de Merleau-Ponty.

Em *O visível e o invisível*, o filósofo busca conhecer o sentido de ser do mundo. O sentido está contido no contato com o mundo, pois "de tudo o que vivo, enquanto o vivo, tenho diante de mim o sentido, sem o que não o viveria e não posso procurar nenhuma luz concernente ao mundo a não ser interrogando, explicando minha frequentação do mundo, compreendendo-a de dentro"[55]. Portanto, a relação entre o vivido e o conhecido – já presente nos primeiros textos – se torna também o fundamento para o conhecimento nos trabalhos inéditos.

Uma vez que o sujeito é *ek-stase* no mundo, o seu corpo se torna prolongamento deste mundo. Desse modo, o sujeito, através do seu corpo, confunde-se com o mundo, porque ambos são a mesma carne. Ao mesmo tempo que o sujeito se conhece e conhece os outros inscritos no mundo, também é

---

54. Ibid., 14.
55. Id., *O visível e o invisível*, 41.

conhecido pelos demais seres. "O que sente, o que vive, o que os outros sentem e vivem [...] não são ilhotas, fragmentos isolados do ser: tudo isso, pela exigência fundamental de nossos nadas constitutivos, é ser, tem consistência, ordem, sentido, e há meio de compreendê-lo"[56]. O olhar do ser sobre um outro traz algo de novo, ao mesmo tempo que o envolve por inteiro. Esta coexistência do ser – de maneira que o ser vidente e o ser visível se mutuem reciprocamente, a ponto de não mais saber quem vê e quem é visto – fundamenta o conceito merleau-pontyano de entrelaçamento ou quiasma.

Partindo deste entrelaçamento ou quiasma do ser, caminhamos em direção ao seu centro, ao seu interior ou ainda, como afirma Merleau-Ponty, ao seu "núcleo duro" para conhecer a sua carne. Assim, se conhecemos, ou seja, se antes sentimos para depois poder pensar o si mesmo e o outro, é porque o nosso conhecimento advém de uma carne. O conhecimento consiste

> no envolvimento do visível sobre o corpo vidente, do tangível sobre o corpo tangente, atestado sobretudo quando o corpo se vê, se toca vendo e tocando as coisas, de forma que, simultaneamente, *como* tangível, desce entre elas, *como* tangente, domina-as todas[57].

Assim, esta dupla relação forma a unidade do ser. Todavia, ela não significa a soma ou o resultado, mas a juntura do ser.

A juntura entre o visível e a "armadura interior" só pode ser conhecida através de uma experiência carnal. Nesta experiência, a carne das coisas me fala de minha carne,

---

56. Ibid., 69.
57. Ibid., 141.

as coisas me tocam como eu as toco e me toco: carne do mundo – distinta da minha carne: a dupla inscrição dentro e fora. O dentro recebe sem carne: não "estado psíquico", mas intracorporal, avesso do fora que o meu corpo mostra às coisas[58].

Desse modo, a experiência carnal não só nos coloca em contato com o conhecido, como também em si mesma ela já é conhecimento.

O curso de 1960-1961, sobre *L'ontologie cartésienne et l'ontologie d'aujourd'hui*, continua na mesma esteira da noção de conhecimento presente nos textos anteriores. Neste curso, como sabemos, Merleau-Ponty procura formular uma ontologia que "contraste com a ontologia cartesiana". A ontologia moderna – Descartes e seus sucessores – também considera o problema do conhecimento, no entanto reduz o ser visível ao conhecimento do visível. Portanto, esta ontologia se torna problemática não só por implicar uma redução do ser, mas também por produzir um certo corte, colocando de um lado o ser vidente (conhecedor) e do outro o ser visível (conhecido).

Merleau-Ponty, por sua vez, busca uma "relação ao Ser que se faz de dentro – carnal – o vidente-visível, relação que é interrogação de nós pelo mundo tanto quanto do mundo por nós"[59]. Ao formular uma ontologia que pensa a abertura do ser ao mundo, a relação ao ser de dentro (carnal) e o vidente sendo visível, ele entende que existimos em permanente estado de interrogação. A vida interrogativa sustenta todo conhecimento, pois, antes mesmo da filosofia, é o olhar que interroga as coisas.

---

58. Ibid., 235.
59. Id., *Notes de cours (1959-1961)*, 228.

O acesso ao ser passa pelo visual. Não chegamos ao ser pelo conhecimento intelectual, como defende a ontologia cartesiana, mas pelo conhecimento sensível. "Conhecer é ver, mas aqui o que vemos e quem vê são um, é a luz se revelando ao mesmo tempo que os objetos"[60]. A operação ver-conhecer acontece na invasão (*empiétement*) do vidente no visível e do visível no vidente, pois "se eu sou carne, vidente-visível, há também uma carne do mundo"[61]. Dessa maneira, a coexistência ou coesão do ser – eu-outrem-mundo – não pode ser compreendida como síntese, mas como invasão, como "reflexividade do corpo, reversibilidade ver-visível, sem nunca coincidência: complementaridade"[62].

Assim como no momento fenomenológico, as passagens apresentadas neste momento ontológico do pensamento merleau-pontyano – em *O olho e o espírito*, *O visível e o invisível* e *L'ontologie cartésienne et l'ontologie d'aujourd'hui* – nos mostram o interesse constante do filósofo pela noção de conhecimento. Como veremos a seguir, esta noção se aproxima do conceito de conhecimento presente em "Traité de la co-naissance au monde et de soi-même".

3. Entre poética e filosofia: possíveis relações acerca do conhecimento

Em "Traité de la co-naissance au monde et de soi-même", a gênese do homem e a gênese do mundo realizam-se simultaneamente. Segundo Vachon, "esta maneira de ver a relação entre o homem e o mundo lembra mais a perspectiva

---

60. Ibid., 235.
61. Ibid., 174.
62. Ibid., 173.

fenomenológica. O homem e o mundo são aqui indissoluvelmente votados um ao outro, no interior daquilo que Merleau-Ponty chama de 'sistema eu-outrem-coisas'"[63]. No entanto, sabemos que Claudel não teve acesso aos textos fenomenológicos da sua época para escrever o tratado sobre o conhecimento. Merleau-Ponty, contrariamente, encontra inspiração na concepção claudeliana. Saint Aubert nos relata que "a biblioteca de Merleau-Ponty ainda hoje contém cerca de vinte obras de Claudel, algumas datadas e assinadas (as primeiras em 1928 e 1929). Entre elas, *Art poétique* é certamente a mais trabalhada, e um dos volumes mais anotados da sua biblioteca"[64].

Em *A estrutura do comportamento*, publicada em 1942, prontamente constatamos a presença da noção claudeliana de conhecimento (*co-naissance*). Neste trabalho, Merleau-Ponty não só busca compreender as relações entra a consciência e a natureza, mas também pretende, a partir da noção de estrutura, superar as dicotomias da metafísica clássica entre corpo e alma, sujeito e objeto, substância pensante e substância extensa. O pensamento dicotômico – presente sobretudo em Descartes e seus sucessores – também dissocia o conhecimento da existência.

Merleau-Ponty só entende que conhecer não é simplesmente "se encontrar na presença de um conjunto compacto de dados", mas "participar na sua existência", porque sempre se afastou de um pensamento filosófico que, segundo ele, toma "por tipo e ideal de conhecimento humano nossa contemplação dos objetos inanimados, coisas indiferentes, e que

---

63. Vachon, A., *Le temps et l'espace dans l'oeuvre de Paul Claude*, 218.
64. Saint Aubert, E., *Du lien des êtres aux éléments de l'être. Merleau-Ponty au tournant des années 1945-1951*, Paris, Vrin, 2004, 236.

não nos *tocam*"⁶⁵. Portanto, distanciando-se dessa tradição filosófica, ele aproxima-se do pensamento claudeliano. Em seu "Traité de la co-naissance au monde et de soi-même", Claudel entende o conhecimento como participação na existência, pois, como afirma, "nós não nascemos sozinhos". O ser conhece (*co-naît*), porque em sua conascença (*co-naissance*) toca os demais seres. Uma vez que "conascemos para toda a *natureza*", podemos conhecê-la, pois é neste sentido que "todo nascimento é um conhecimento".

Em *Fenomenologia da percepção*, publicada em 1945, Merleau-Ponty permanece na mesma esteira do trabalho anterior. Ainda sobre o tema da relação do homem com o mundo, ele nos diz que "o corpo próprio está no mundo assim como o coração no organismo; ele mantém o espetáculo visível continuamente em vida, anima-o e alimenta-o interiormente, forma com ele um sistema"⁶⁶. O "espetáculo visível" continua no mundo, porque o corpo próprio conasce (*co-naît*) perpetuamente. Este permanente estado de conhecimento – presente na conascença do corpo próprio e do mundo – passa pela via sensível. Contudo, o sujeito da sensação se relaciona ambiguamente ou, de acordo com a noção claudeliana, *simultaneamente* com o mundo. Isto significa que ao mesmo tempo em que conhece (atividade) o mundo, também é conhecido (passividade) pelo próprio mundo. "Essa percepção por copercepção atinge a sua plenitude na relação com o outro: o ser humano vivencia a sua existência na experiência de seu corpo sob a visão e o toque do outro"⁶⁷.

---

65. MERLEAU-PONTY, M., Être et Avoir, in: ID., *Parcours. 1935-1951*, Paris, Verdier, 1997, 36.
66. Id., *Fenomenologia da percepção*, 273.
67. SAINT AUBERT, E., *Du lien des êtres aux éléments de l'être*, 239.

"Eu existo entre as coisas que são"[68]. Segundo Claudel, todas as coisas coexistem e se conhecem mutualmente: ao mesmo tempo que são individualidades, há também solidariedade entre elas. Sobre a concepção de coexistência e conhecimento em Claudel, Jean Wahl, em seu curso *Défense et élargissement de la philosophie. Le recours aux poètes: Claudel, Valéry*, nos diz que

> é por meio de uma espécie de projeção de todo o seu ser que o homem entra em contato com os diferentes objetos e deles tira proveito. Aqui está um primeiro ponto. Trata-se, em todo conhecimento, de algo total que envolve todo o ser. Mas o segundo ponto [...] é que esse conhecimento é algo que está, por assim dizer, nas próprias coisas e que não haveria nenhum conhecimento semelhante ao nosso se não houvesse dentro das coisas uma coexistência e o que Claudel especificamente chama de conascença[69].

A reflexão filosófica merleau-pontyana também afirma uma coexistência (conascença) das coisas. Sabemos que elas não *estão* unicamente no mundo, mas *são* com o mundo. Este modo de coexistência – as coisas *sendo* com o mundo – não só nos manifesta algum tipo de conhecimento, mas, como o sujeito e a percepção se confundem, entendemos também que o conhecimento está nas coisas mesmas. Assim sendo, o conhecimento ocorre em cada movimento da coexistência das coisas.

A noção de *movimento* ou de *vibração* – empregada para definir o estado de permanência das coisas – aparece tanto

---

68. CLAUDEL, P., *Cinq grandes odes*, in: ID., *Oeuvres Poétique*, 252.
69. WAHL, J., *Défense et élargissement de la philosophie. Le recours aux poètes: Claudel, Valéry*, Paris, Centre de Documentation Universitaire, 1959, 280.

em Claudel como em Merleau-Ponty. Ambos não fazem distinções quanto ao uso da palavra movimento ou vibração. O ser conhece a si mesmo e as coisas, porque, estando em perpétuo estado de vibração, conserva-se na existência. Em *Mémoires improvisés*, ao se referir à noção de vibração presente em *Art poétique*, Claudel nos diz que

> o ser está continuamente em estado de vibração, que pode ser comparado a um violino cuja corda é colocada em movimento pelo arco e cuja nota – isto é, o conhecimento – é o resultado de uma modificação desta corrente contínua que vai do centro para a circunferência. [...] Então, com o que parece esta espécie de emissão [...]? A um nascimento! O ser não cessa de nascer [...]. É o que expresso quando digo que todo conhecimento é um "nascimento" [...]. Não cessamos de conascer ao mundo, ou seja, nosso conhecimento é obra do desdobramento circular do nosso ser constantemente em estado de vibração, [...] esse movimento de vibração, de mais ou menos amplitude, curto e longo, sístole e diástole do coração; você sempre encontra na natureza, e especialmente nos seres vivos, esse ritmo de emissão seguido de tensão. Daí, toda a minha ideia sobre *Art poétique*[70].

Em *Fenomenologia da percepção*, o uso da noção de vibração assume a mesma profundidade do significado que tem em Claudel. Segundo Merleau-Ponty, quando eu fixo um objeto ou deixo os meus olhos divergirem e, por fim, eu me abandono por inteiro ao acontecimento,

> a mesma cor me aparece como cor superficial [...] ou então ela se torna cor atmosférica [...]; ou então eu a sinto em meu olho

---

70. CLAUDEL, P., *Mémoires improvisés*, 194-195.

como uma vibração do meu olhar; ou, enfim, ela comunica a todo o meu corpo uma mesma maneira de ser, ela me preenche e não merece mais o nome de cor[71].

A cor – por ser da mesma textura do meu corpo – não está unicamente diante do meu olhar, nem ao meu redor, mas, assim como a alma habita o corpo, ela está em mim. É neste sentido que a sua vibração se confunde com a vibração do meu olhar. Portanto, a "vibração não é o ato comum de uma alma e de um corpo, muito menos a sincronização dos dois relógios de harmonia preestabelecida. Ela é a *própria animação*"[72].

Em *O olho e o espírito*, partindo da reflexão acerca da pintura, o tema claudeliano da vibração aparece sob a perspectiva ontológica. Com a incansável tarefa de trazer o ser para a visibilidade, o pintor "emprega" o seu copo para pintar o mundo percebido. Segundo Merleau-Ponty, "assim como criou a linha latente, a pintura atribuiu-se um movimento sem deslocamento, por vibração ou irradiação. [...] O quadro forneceria a meus olhos aproximadamente o que os movimentos reais lhes fornecem"[73]. Desse modo, o movimento sem deslocamento se torna possível porque o espectador (conhecedor) leria o quadro (conhecido) no seu rastro.

Como o espectador e o quadro são a mesma e única carne, os dois se confundem a ponto de não sabermos "quem vê e quem é visto, quem pinta e quem é pintado", ou quem conhece e quem é conhecido. Esta coexistência, ou conascença, dos seres demanda um movimento simultâneo.

---

71. MERLEAU-PONTY, M., *Fenomenologia da percepção*, 306.
72. SAINT AUBERT, E., *Du lien des êtres aux éléments de l'être*, 251.
73. MERLEAU-PONTY, M., *O olho e o espírito*, 31-32.

Em *O visível e o invisível*, Merleau-Ponty acredita que "o que se passa aqui e agora constitui uma unidade com o simultâneo"[74]. A "imensa simultaneidade do mundo" – presente na unidade eu-outrem-coisas – coloca-nos o problema do conhecimento como nascimento. Sabemos que "este sistema de equivalências vertiginosas constitui o berço claudeliano da noção de conascença e admite por horizonte uma equação última, entre *ser* e *conascer*. Para Claudel, o ser só se mantém em movimento, em uma coexistência sempre em estado nascente"[75]. A partir dos elementos ontológicos presentes no pensamento de Claudel, Merleau-Ponty busca formular uma ontologia que concebe o ser como conascimento (*co-naissance*).

Embora a unidade profunda entre ser e conhecer esteja inserida no seu projeto ontológico, ele a pensa originalmente na estrutura carnal. Em *L'ontologie cartésienne et l'ontologie d'aujourd'hui*, a descrição claudeliana de uma "coesão do ser" – que não se faz acima de nós, em um ser superior, mas abaixo de nós – coloca as bases para pensar uma ontologia da carne. "A 'carne do mundo' não é uma metáfora do nosso corpo ao mundo. Poderíamos dizer, pelo contrário: é também o nosso corpo que é feito do mesmo tecido sensível que o mundo"[76]. A "coexistência carnal" dos seres sustenta a tese da simultaneidade do conhecimento, pois o ser carnal (vidente-visível), ao mesmo tempo em que conhece, também se torna conhecido. "Para Merleau-Ponty como para Claudel, há portanto no homem uma maneira fundamental de conhecer, que escapa à

---

74. Id., *O visível e o invisível*, 104.
75. Saint Aubert, E., La "co-naissance". Merleau-Ponty et Claudel, in: Cariou, M.; Barbaras, R.; Bimbenet, E. (Org.), *Merleau-Ponty aux Frontières de l'Invisible*, Milano, Mimesis, 2003, 255.
76. Merleau-Ponty, M., *Notes de cours (1959-1961)*, 211.

alternativa de uma contemplação (ativa) que daria um sentido ao que não teria, e de uma outra (passiva) que se contentaria de coletar um sentido já constituído"[77]. Assim, esta maneira fundamental de conhecimento – em que "perceber é ser" – se sustenta na simultaneidade da coexistência dos seres.

Apresentamos, até o momento, as possíveis relações entre Claudel e Merleau-Ponty. Começamos expondo a noção claudeliana de conhecimento presente em "Traité de la conaissance au monde et de soi-même", passando pelo conceito merleau-pontyano de conhecimento descrito tanto nas obras do momento fenomenológico como nas do ontológico, para chegar, enfim, até este momento: as possíveis relações entre Claudel e Merleau-Ponty. Neste caminho, mostrando uma interpretação poética e outra filosófica do conhecimento, concluímos que a concepção claudeliana oferece as bases para Merleau-Ponty pensar a coexistência carnal do ser e o seu modo de conhecimento.

---

77. SAINT AUBERT, E., *Du lien des êtres aux éléments de l'être*, 246.

CONSIDERAÇÕES FINAIS

Merleau-Ponty não é um filósofo que converte as suas interrogações em teses. Seguindo o seu modo *sui generis* de pensar e escrever filosofia, não pretendemos, nessas considerações finais, apresentar teses acerca da relação entre Merleau-Ponty e Claudel. Contudo, o que expusemos até aqui permite sugerir alguns desdobramentos importantes. Três consequências presentes nessa relação, ao menos, são relevantes: *sobre filosofia e não filosofia*, *sobre o conceito de tempo* e *sobre o conceito de conhecimento*.

Sobre filosofia e não filosofia. A primeira consequência sustenta-se na concepção de que a não filosofia – permanecendo no seu estado de não-filosofia – tem um estatuto filosófico. Segundo Merleau-Ponty, a filosofia redescobre como seu domínio

> esse círculo, esse nó, essa relação de *Ineinander* entre o si e as coisas, entre mim e outrem, entre o visível e o invisível, a animação do ser pelo nada e do nada pelo ser, essas inversões que são passagens, esses desenvolvimentos que abrem

subitamente uma outra dimensão, essa meada que sempre esteve emaranhada, esse tecido sem costura e que não é feito de um único fio[1].

Se Merleau-Ponty concebe essa relação de envolvimento (*Ineinander*) enquanto domínio da filosofia, consequentemente, por ter um estatuto filosófico, a não filosofia igualmente redescobre-se nesse mesmo domínio. Assim, ao partilharem a mesma tarefa, ambas buscam narrar o mundo da vida (*Lebenswelt*). Sabemos também que a não filosofia, isto é, a sociologia, a história, a psicanálise, a arte, a literatura etc., permite-nos diversas entradas na obra de Merleau-Ponty. No entanto, como vimos, a literatura tornou-se o tema escolhido para nos ajudar a entender a relação entre filosofia e não filosofia no projeto filosófico merleau-pontyano.

A partir do exposto vê-se que – desde as primeiras obras até os últimos trabalhos – a literatura é uma referência constante no pensamento do filósofo. Ela não só motiva a sua reflexão, mas o faz avançar por direções que ele não necessariamente havia previsto. A literatura tem um mundo comum com a filosofia, porque nessa relação fecunda encontra-se o elo entre visível e invisível, sensível e inteligível, carne e ideia. Ao implodir as fronteiras entre filosofia e literatura, Merleau-Ponty procura dar voz ao silêncio e dizer o indizível em seu projeto filosófico. Assim, a dizibilidade do ser permite-nos ouvi-lo, por fora e por dentro, e, através do nosso corpo, expressá-lo pela linguagem literária. Sem a expressão literária o ser permaneceria silencioso no mundo.

Sabemos que Merleau-Ponty integra nos seus textos e discursos filosóficos análises de obras literárias e alusões

---

1. MERLEAU-PONTY, M., *Notes de cours (1959-1961)*, 366.

a escritores e poetas. Igualmente conhecemos que Claudel ocupa um lugar importante em sua reflexão. A relação entre Merleau-Ponty e Claudel está fundamentada na busca por revelar – cada um ao seu modo – a gênese do sentido. Portanto, a hipótese que guiou o nosso trabalho era a de que Merleau-Ponty e Claudel têm a mesma tarefa de descrever pela palavra o mundo da vida para tirá-lo do silêncio, recorrendo portanto à filosofia e à não filosofia, isto é, à filosofia e à literatura.

Sobre o conceito de tempo. A segunda consequência fundamenta-se na ideia de que a reflexão filosófica de Merleau-Ponty e a poética de Claudel sobre o tempo invadem-se (*empiétement*) e envolvem-se (*Ineinander*) em uma permanente relação. Vimos que Merleau-Ponty – à medida que avança em seu projeto filosófico – inaugura um novo momento que abre o seu pensamento a uma via ontológica. As notas de trabalho que preparavam *O visível e o invisível* e as do curso sobre *L'ontologie cartésienne et l'ontologie d'aujourd'hui* não só retomam as ideias presentes em *Fenomenologia da percepção*, mas, transcendendo estas primeiras intuições e partindo da ontologia, propõem uma compreensão do tempo como quiasma. Embora essas obras caracterizem dois momentos do projeto filosófico merleau-pontyano, o fenomenológico e o ontológico, elas não podem ser lidas separadamente. Assim, ao considerar a noção de tempo nessas obras e nesses dois momentos, não deixamos de considerar a unidade do pensamento de Merleau-Ponty.

Do mesmo modo, vimos que a reflexão poética claudeliana de temporalidade acompanha o pensamento merleau-pontyano tanto no momento fenomenológico como no ontológico. Claude Lefort recorda que Merleau-Ponty – tomando em um dos seus cursos o pensamento claudeliano acerca do espaço e do tempo – entende que as perguntas mais simples – *onde estou? que horas são?* – fazem supor que nosso vínculo ao espaço e ao tempo é indestrutível, que não existe outra maneira de ser senão estar aqui e agora, e mesmo que esse vínculo venha também de nós, que ele nunca é evidente, que ele sempre pede para ser verificado, como se fosse essencial para nós garantir a nossa presença no mundo e garantir que *nele* estamos, declinar a nossa identidade e responder a todo momento ao apelo que uma voz anônima ecoa em nós. Por meio dessas perguntas, que o homem nunca cessa de repetir, institui-se uma experiência do espaço e do tempo como seres a interrogar e anuncia-se a verdade da interrogação como inesgotável fala que destina-se ao Ser[2].

Por conseguinte, partindo da interrogação, a hipótese que conduziu nossa investigação era a de que a concepção claudeliana de tempo, desdobrada especialmente nos temas do presente, do recomeço, da totalidade e da simultaneidade, proporciona a Merleau-Ponty pensar *com* e *para além* de Claudel o tema da temporalidade.

Sobre o conceito de conhecimento. A terceira consequência apoia-se igualmente no argumento de que a visão filosófica de Merleau-Ponty e a poética de Claudel sobre o conhecimento invadem-se (*empiétement*) e envolvem-se (*Ineinander*) em uma permanente relação. A partir do exposto, vimos que a concepção claudeliana de conhecimento, presente em *Art poétique*, especialmente em "Traité de la co-naissance au monde et de soi-mêmê", proporciona o nascimento de uma nova reflexão merleau-pontyana.

Merleau-Ponty e Claudel – cada um ao seu modo – entendem que a percepção é o ponto de partida do conhecimento.

---

2. LEFORT, C., *Sur une colonne absente. Écrits autors de Merleau-Ponty*, Paris, Gallimard, 1978, 23.

Sabemos que a noção claudeliana de *co-naissance* possibilita ao filósofo pensar a percepção. Assim, desde *A estrutura do comportamento* até os últimos trabalhos, essa noção aparece no campo do sentir. O ser conasce, coexiste e cossente. Na sensação, o sujeito está simultaneamente em comunhão com o mundo percebido, e o mundo está em comunhão com o sujeito percipiente. A palavra *comunhão* – originalmente relacionada a comunhão sacramental – é empregada para descrever a relação entre aquele que sente e o sensível. De acordo com Merleau-Ponty,

> assim como o sacramento não apenas simboliza uma operação da Graça sob espécies sensíveis, mas é ainda a presença real de Deus, faz com que ela resida em um fragmento de espaço e a comunica àqueles que comem o pão sagrado, se eles estão interiormente preparados, do mesmo modo o sensível não apenas tem uma significação motora e vital, mas é uma certa maneira de ser no mundo que se propõe a nós de um ponto do espaço, que nosso corpo retoma e assume se for capaz, e a sensação é literalmente uma comunhão[3].

A sensação como conascença apresenta um sentido radical semelhante ao da comunhão sacramental, pois o invisível está no visível e, no ato de comer o pão sagrado, a carne divina e a carne humana invadem-se e envolvem-se simultaneamente. Sobre o emprego da metáfora da comunhão sacramental para descrever a relação entre os seres, Claudel igualmente percebe que "entre Deus e nós […] existe partilha de substância"[4]. Assim sendo, Merleau-Ponty e Claudel

---

3. MERLEAU-PONTY, M., *Fenomenologia da percepção*, 286.
4. CLAUDEL, P., Le Livre de Tobie, in: ID., *Les Aventures de Sophie*, Paris, Gallimard, 1937, 88.

partilham a mesma concepção sobre o conhecimento, que faz do ser – em estado de conascença ou comunhão simultânea – percipiente e percebido, conhecedor e conhecido.

Portanto, o que se pode concluir sobre a relação entre Merleau-Ponty e Claudel, já que é disso que se trata aqui? A partir do exposto vê-se que ambos os autores caminham na mesma direção – mesmo existindo algumas distâncias – para revelar o ser escondido no mundo da vida. Embora partilhem a mesma concepção acerca do tempo e do conhecimento, o primeiro busca descrevê-los por meio da fenomenologia e da ontologia, enquanto o segundo mediante a poesia. Desse modo, cada um, com a sua forma particular de expressão, arranca o ser do mundo do silêncio para revelar a gênese do sentido.

REFERÊNCIAS BIBLIOGRÁFICAS

AGOSTINHO. *Confissões*. Trad. J. Oliveira Santos e A. Ambrósio de Pina. Petrópolis: Vozes, 2009.

ANDÉN, L. Pour une phénoménologie du langage: le primat ontologique de la parole. In: MERLEAU-PONTY, M. *Le Problème de la Parole. Cours au Collège de France. Notes, 1953-1954*. Genebra: MètisPresses, 2020.

ANDRIEU, J. *La foi dans l'oeuvre de Paul Claudel*. Paris: PUF, 1955.

ANGERS, P. *Commentaire à l'Art poétique*. Paris: Mercure de France, 1949.

BARBARAS, R. *De l'être du phénomène. Sur l'ontologie de Merleau-Ponty*. Grenoble: Millon, 2001.

———. *Le tournant de l'expérience. Recherches sur la philosophie de Merleau-Ponty*. Paris: Vrin, 1998.

———. *Lectures phénoménologiques*. Paris: Beauchesne, 2019.

———. *Recherches phénoménologiques*. Paris: Beauchesne, 2019.

BEAUVOIR, S. *Memórias de uma moça bem-comportada*. Trad. Sérgio Milliet. Rio de Janeiro: Nova Fronteira, 2015.

BIMBENET, E. *Nature et humanité. Le problème anthropologique dans l'oeuvre de Merleau-Ponty*. Paris: Vrin, 2004.

BIMBENET, E.; SAINT AUBERT, E. Merleau-Ponty: philosophie et non-philosophie. *Archives de Philosophie*, v. 69, n. 1 (2006) 5-9.

BLANCHOT, M. *O livro por vir*. Trad. Leyla Perrone-Moisés. São Paulo: Martins Fontes, 2005.

BONAN, R. *Premières leçons sur l'Esthétique de Merleau-Ponty*. Paris: PUF, 1997.

BOTJAN, M.-T. *Paul Claudel et l'actualité de l'être. L'inspiration thomiste dans l'oeuvre claudélienne*. Paris: Téqui, 2011.

CASSOUS-NOGUÈS, P. La définition du sujet dans Le Visible et l'Invisible. In: CARIOU, M.; BARBARAS, R.; BIMBENET, E. (Org.). *Merleau-Ponty aux Frontières de l'Invisible*. Milano: Mimesis, 2003.

CASTIN, N. Le promeneur claudélien. In: SIMON, A.; CASTIN, N. (Org.). *Merleau-Ponty et le littéraire*. Paris: Presses de l'École normale supérieure, 1997.

CHAUI, M. *Experiência do pensamento. Ensaios sobre a obra de Merleau-Ponty*. São Paulo: Martins Fontes, 2002.

CLAUDEL, P. Accompagnements. Introduction à un poème sur Dante. In: ———. *Oeuvres en Prose*. Paris: Gallimard, 1965.

———. *Art poétique*. Paris: Gallimard, 1984.

———. Connaissance de L'Est. In: ———. *Oeuvres Poétique*. Paris: Gallimard, 1967.

———. Cinq grandes odes. In: ———. *Oeuvres Poétique*. Paris: Gallimard, 252.

———. *Journal I (1904-1932)*. Paris: Gallimard, 1968.

———. *Journal II (1933-1955)*. Paris: Gallimard, 1969.

———. Le Livre de Tobie. In: ———. *Les Aventures de Sophie*. Paris: Gallimard, 1937.

———. Ma conversion. In: ———. *Contacts et circonstances. Oeuvres en prose*. Paris: Gallimard, 1965.

———. *Mémoires Improvisés. 41 entretiens avec Jean Amrouche*. Paris: Gallimard, 1954.

———. Mon pays. In: ———. *Contacts et circonstances. Oeuvres en prose*. Paris: Gallimard, 1965.

———. *Oeuvres Poétique*. Paris: Gallimard, 1967.
———. *Oeuvres en Prose*. Paris: Gallimard, 1965.
———. *Théâtre I*. Paris: Gallimard, 1967.
———. *Théâtre II*. Paris: Gallimard, 1965.
DASTUR, F. *Chair et langage. Essais sur Merleau-Ponty*. Paris: Les Belles Lettres, 2016.
DE GANDILLAC, M. Scission et co-naissance d'après l'Art Poétique de Claudel. *Revue de Métaphysique et de Morale*, v. 71, n. 4 (1966) 412-425.
DEGUY, M. Maurice Merleau-Ponty. *La nouvelle revue française*, v. 9, n. 102 (1961) 1118-1120.
DE WAELHENS, A. *Une Philosophie de l'ambiguïté. L'existentialisme de Maurice Merleau-Ponty*. Louvain: Editions Nauwelaerts, 1968.
DUHAMEL, G. *Paul Claudel. Le philosophe, le poète, l'écrivain, le dramaturge*. Paris: Mercure de France, 1919.
FERRAZ, M. S. A. *Fenomenologia e ontologia em Merleau-Ponty*. São Paulo: Papirus, 2009.
GRANADE, S. G. L'influence de Paul Claudel sur les philosophes contemporains. *Bulletin de la Société Paul Claudel*, v. 4, n. 200 (2010) 52-57.
GUERS, M-J. *Paul Claudel. Biographie*. Paris: Actes Sud, 1987.
HEIDEGGER, M. *Ser e tempo*. Trad. Márcia Sá Cavalcante Schuback. Petrópolis, RJ/Bragança Paulista, SP: Vozes/Editora Universitária São Francisco, 2015.
HYPPOLITE, J. *L'esthétique de Paul Claudel*. Limoges: Imprimerie E. Rivet, 1931.
HUSSERL, E. *Lições para uma fenomenologia da consciência interna do tempo*. Trad. Pedro. M. S. Alves. Lisboa: Imprensa Nacional Casa da Moeda, 1994.
IMBERT, C. *Maurice Merleau-Ponty*. Paris: ADPF, 2005.
———. *Le bleau de la mer années 50*. In: SAINT AUBERT, E. (Org.). Maurice Merleau-Ponty. Paris: Hermann Éditeurs des sciences et des arts, 2008.

LAGARDE, A.; MICHARD, L. Paul Claudel. In: ———. *XXe Siècle. Les grands auteurs français. Anthologie et histoire littéraire.* Paris: Bordas, 2003.

LEFORT, C. Philosophie et non-philosophie. *Esprit*, n. 66 (1982) 101-112.

———. Prefácio. In: MERLEAU-PONTY, M. *A prosa do mundo.* Trad. Paulo Neves. São Paulo: Cosac Naify, 2012.

———. Préface. In: MERLEAU-PONTY, M. *Notes de cours (1959-1961).* Paris: Gallimard, 1996.

———. Prefácio. In: MERLEAU-PONTY, M. *O olho e o espírito.* Trad. Paulo Neves e Maria Ermantina G. G. Pereira. São Paulo: Cosac Naify, 2004.

———. *Sur une colonne absente. Écrits autors de Merleau-Ponty.* Paris: Gallimard, 1978.

MERCURY, J.-Y. *Chemins avec et autour de Merleau-Ponty.* Paris: L'Harmattan, 2019.

MERLEAU-PONTY, M. *A estrutura do comportamento.* Trad. Márcia Valéria Martinez de Aguiar. São Paulo: Martins Fontes, 2006.

———. *A prosa do mundo.* Trad. Paulo Neves. São Paulo: Cosac Naify, 2012.

———. *Conversas 1948.* Trad. Fábio Landa e Eva Landa. São Paulo: Martins Fontes, 2009.

———. *Entretiens avec Georges Charbonier et autres dialogues (1946-1959).* Paris: Verdier, 2016.

———. Être et Avoir. In: ———. *Parcours. 1935-1951.* Paris: Verdier, 1997.

———. *Fenomenologia da percepção.* Trad. Carlos Alberto Ribeiro de Moura. São Paulo: Martins Fontes, 2011.

———. *Le Probème de la Parole. Cours au Collège de France. Notes, 1953-1954.* Genebra: MètisPresses, 2020.

———. *Notes de cours (1959-1961).* Paris: Gallimard, 1996.

———. *O olho e o espírito.* Trad. Paulo Neves e Maria Ermantina G. G. Pereira. São Paulo: Cosac Naify, 2004.

———. *O primado da percepção e suas consequências filosóficas.* Trad. S. R. Filho e T. Martins. Belo Horizonte: Autêntica, 2015.

———. *O visível e o invisível.* Trad. José Artur Gianotti e Armando Mora d'Oliveira. São Paulo: Perspectiva, 2014.

———. *Recherche sur l'usage littéraire du langage. Cours au Collège de France Notes, 1953.* Genebra: MétisPresses, 2013.

———. *Résumés de cours. Collège de France 1952-1960.* Paris: Gallimard, 1968.

———. *Sens et non-sens.* Paris: Gallimard, 1966.

———. *Signos.* Trad. Maria Ermantina Galvão Gomes Pereira. São Paulo: Martins Fontes, 1991.

———. Titres et travaux. Projet d'enseignement. In: ———. *Parcours deux 1951-1961.* Paris: Verdier, 2000.

MOURA, A. *Ontologia em Merleau-Ponty. Estrutura, instituição e passividade.* São Paulo: LiberArs, 2018.

MOUTINHO, L. D. S. *Razão e experiência. Ensaio sobre Merleau-Ponty.* Rio de Janeiro: Unesp, 2006.

———. Tempo e sujeito. O transcendental e o empírico em Merleau-Ponty. *Revista DoisPontos*, v. 1, n. 1 (2004) 11-27.

MÜLLER, M. J. *Merleau-Ponty. Acerca da expressão.* Porto Alegre: EDICPUCRS, 2001.

RICOEUR, P.; MARCEL, G. *Entretiens Paul Ricoeur – Gabriel Marcel.* Paris: Aubier-Montaigne, 1968.

SAINT AUBERT, E. A Poetics of Co-Naissance via: André Breton, Paul Claudel and Claude Simon. In: JOHNSON, G.; SAINT AUBERT, E.; CARBONE, M. (Org.). *Merleau-Ponty's Poetic of the World. Philosophy and Literature.* New York: Fordham University Press, 2020.

———. *Du lien des êtres aux éléments de l'être. Merleau-Ponty au tournant des années 1945-1951.* Paris: Vrin, 2004.

———. Espaço-temporalidade do ser carnal. Trad. Terezinha Petrucia Nóbrega. In: CAMINHA, I. O.; NÓBREGA, T. P. (Org.). *Compêndio Merleau-Ponty.* São Paulo: LiberArs, 2016.

———. *Être et chair I. Du corps au désir: l'habilitation ontologique de la chair*. Paris: Vrin, 2013.

———. *Être et chair II. L'épreuve perceptive de l'être: avancées ultimes de la phénoménologie de Merleau-Ponty*. Paris: Vrin, 2021.

———. La "co-naissance". Merleau-Ponty et Claudel. In: CARIOU, M.; BARBARAS, R.; BIMBENET, E. (Org.). *Merleau-Ponty aux Frontières de l'Invisible*. Milano: Mimesis, 2003.

———. *Vers une ontologie indirect*. Paris: Vrin, 2006.

SAUSSURE, F. *Curso de Linguística Geral*. C. Bally e A. Sechehaye (Org.) com colaboração de A. Riedlinger. Trad. A. Chelini, J. P. Paes e I. Blikstein. São Paulo: Cultrix, 2000.

TILLIETTE, X. Claudel philosophe. *Gregorianum*, v. 75, n. 4 (1994) 705-721.

———. *Le Jésuite et le Poète*. Paris: de Paris, 2005.

———. *Merleau-Ponty ou la mesure de l'homme*. Paris: Seghers, 1970.

UBERSFELD, A. *Paul Claudel. Poète du XXe siècle*. Paris: Actes Sud, 2005.

URSULA, S. L'Art poétique de Paul Claudel. *The French Review*, v. 7, n. 5 (1934) 357-362.

VACHON, A. *Le temps et l'espace dans l'oeuvre de Paul Claudel*. Paris: du Seuil, 1965.

WAHL, J. *Défense et élargissement de la philosophie. Le recours aux poètes: Claudel, Valéry*. Paris: Centre de Documentation Universitaire, 1959.

———. Maurice Merleau-Ponty et la présence de Paul Claudel. *Bulletin de la Société Paul Claudel*, v. 11 (1962).

———. Simultanéité, peinture et nature. *Cahiers Paul Claudel*, v. 1, n. 1 (1959) 221-249.

Edições Loyola

editoração impressão acabamento

Rua 1822 nº 341 – Ipiranga
04216-000 São Paulo, SP
T 55 11 3385 8500/8501, 2063 4275
www.loyola.com.br